BOOK

新自然主義

BOOK

新自然主義

貝神的召喚

穿越南鄒迷霧的拉阿魯哇

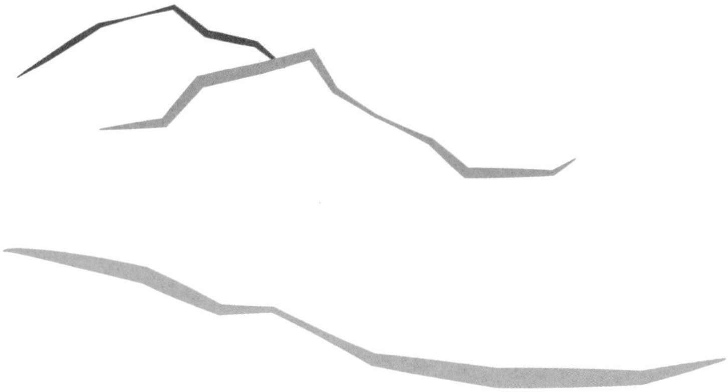

李友煌 著

目錄

十二月 展演、祭儀、實踐：嘹亮天際、舞動大地

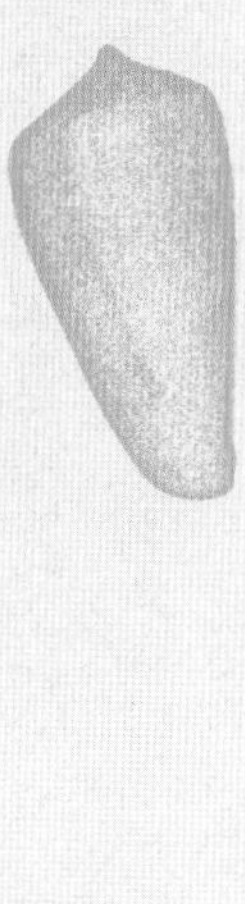

- 本書不定期舉辦相關精采活動，請洽服務電話：02-23925338 分機 16。
- 新自然主義書友俱樂部徵求入會中，辦法請見本書最末頁。

【共同推薦】

揭開拉阿魯哇族的神祕面紗

吳密察
國史館館長

二十世紀末年以來，台灣的原住民積極地想要確立自己的主體，並發起各種民族文化的復興運動。《貝神的召喚》記錄了拉阿魯哇族近幾十年來的奮鬥歷程，從中讓我們看到了民族文化的強韌力量和拉阿魯哇族的堅決意志。

孫大川
Paelabang danapan
政治大學台灣文學研究所副教授

拉阿魯哇族（Hla'alua）是台灣原住民族第十五族，與卡那卡那富族（Kanakanavu，第十六族），同於二〇一四年六月二十六日，從「南鄒」舊稱中脫離而出，獲得正名。這兩族都面臨極大的語言及文化瀕危處境，兼以人口都僅約三、四百人，亟待重視及協助。

很高興看見這本書的出版，它大概是第一本以報導文學形式關懷拉阿魯哇族的書寫，呈現以「貝神」（takiarʉ）為守護神的獨特原住民文化，同時也見證了該族群穿越認同迷霧及正名過程的艱辛與成果。

作者李友煌為記者出身，具有深厚採訪寫作的素養與經驗，也是一位詩人。我曾擔任他於成功大學博士論文（《主體浮現：台灣現代海洋文學的發展》）的口試老師，當時他即展現對原住民文學的興趣與關注。在本書中，作者揉雜詩、小說、散文、報導等文類形式，並善用各類文獻資料；其敘述視角時而旁觀，時而近身，時而進入，時而退返；其腔調有時隱身不語，有時化身代言，有時冷靜客觀，有時又挺身議論，充滿多樣性，讓讀者可以更立體的深入了解這支對多數人而言陌生的族群。

難得的是，作者清楚知道自己的位置與弱點，並在書中透露這種焦慮，這雖不免減損了文本整體的力道，卻是作者真誠的表現。

阿浪・滿拉旺

原住民族委員會公共建設處處長

我於二〇〇一至二〇〇七年因公職關係，於高雄縣政府原住民處服務六年時間，原住民身分法於二〇〇一年一月一日公布施行，攸關所謂民族識別之法源，從此開始。記得很清楚，當時我處理的方式，第一是把自己的名字杜石鑾正名為阿浪・滿拉旺 Alang Manglavan。第二是我找時任鄉長（拉阿魯哇族）謝垂耀大哥說「等第二任時拜託推動民族識別事宜」，果然，從此拉阿魯哇族的民族識別運動，風雲湧起。

二〇一四年六月二十六日拉阿魯哇族經政治大學民族學系調查屬單一民族，並經行政院原住民族委員會核列為台灣原住民族第十五族，我時任行政院原民會綜合規劃處處長，能參與本案，與有榮焉。

綜看本書內容，首為作者李友煌博士與拉阿魯哇族接觸數年時間，卻能有深厚了解及深刻的文化體認，尤其能用耆老的語言及韻態來呈現，實屬難能可貴。及次，本書不僅能作為歷史及文化的載體，給部落的人當教材及養分，同時也能連結大社會與族人間的橋梁，從大社會認識拉阿魯哇族，也能從拉阿魯哇族看世界，是老少咸宜的好讀本。

謝垂耀
高雄市拉阿魯哇文教協進會理事長

台灣原住民現有十六個族群，拉阿魯哇族於二〇一四年為官方核定頒布的新民族之一，因此鮮少人對其民族的由來、歷史及文化做更深入的探討與研究。

《貝神的召喚》是李友煌博士任教於高雄市原民會部落大學期間，經過多年的時間深入部落追尋、調查及蒐集完成的一部文化巨作。

本書揭開了拉阿魯哇人敬奉貝神的神祕面紗，豐富精采的神話故事，也道盡了族人為正名努力的心路歷程、面臨母語消失之隱憂及母語復振的艱辛歷程。李博士於本書採取報導文學的方式呈現，由見其文學造詣之深，主體清晰，內容豐美，是一部文化經典。

這是一本珍貴的原住民文化鄉土教材與研究工具書，亦是最佳的文化課外讀物，身為拉阿魯哇族的族人，在此特向大家推薦這本書，讀後即可深切體認拉阿魯哇族文化之美。

【推薦序】

現實與想像美妙交融的報導文學

二〇〇六年起，高雄市政府文化局推出「高雄文學創作獎助計畫」，吸引並鼓勵作家創作，豐厚拓展了高雄市的文學版圖，也起造峰巒疊嶂、波瀾壯闊的高雄文學新峰波。

詩人李友煌曾以《藍染：海島身世》一書，獲得本局二〇〇六至二〇〇七文學創作獎助計畫出版，十年後再以本書先後獲得二〇一六書寫高雄文學創作獎助計畫及二〇一八書寫高雄出版獎助計畫。此外，二〇一六年也曾與國立台灣文學館及高雄文學館合作，撰寫出版《文學帶路遊舊城：走讀左營文學地景》一書，以文學帶動「左營見城」風氣。從詩到報導文學，從海洋子民到山林原住民，作家以多元的文學形式傾訴紛繁豐美的高雄文化，也為城市開啟、締造一扇扇文學想像的心靈之窗。

《貝神的召喚》與一般的報導文學不同，在深度調查報導的現實之外，作者嘗試融鑄詩歌、小說、散文等文類，以極富文學性的想像力豐富族群的生命流轉，刻劃其歲月滄桑；使本書兼具史詩般的磅礡氣勢與戲劇性張力。在作者筆下，我們彷彿可以看見一整支族群（二〇一四年獲官方認定，正名成功的拉阿魯哇族）在歲月長河中的來路與去向，芒花飛漲、淹沒隊伍，那不向命運屈服的強韌姿態。貝神召喚，荖濃溪年年轟隆咆哮，夏季盛雲沉降滾盪的雨水，無止盡的奔騰流淌，那是矮人賜予的生命澆灌，相信也是作者在書中想與讀者分享的拉阿魯哇族文化饗宴。

高雄市政府文化局局長

【推薦序】

貝神的召喚，令人感動

目前台灣原住民族中有十六個族群為官方認定，高雄市是唯一擁有全數十六個原住民族居住的城市，足見高雄市文化豐富多元的程度，這是高雄人的驕傲，也是本市原民會一直以來極力向社會大眾推廣的原民文化之美，因此非常高興看到李友煌老師這本《貝神的召喚》出版，把擁有神秘貝殼信仰的最新納入本市原住民族陣容的第十五族——拉阿魯哇族，以引人入勝的報導文學方式介紹給民眾，讀來令人欲罷不能。

李友煌老師服務於高雄市立空中大學，原民會部落大學於一〇三學年度起有幸與高雄空大合作，讓原住民學生可以同時上部落大學和高雄空大合開共授的課程，取得學分，獲得大學畢業證書；李老師在文藝系及大傳系開授的課程即常與部落大學課程配對，為原住民學生上課。此外，我也數度與李友煌老師在桃源區原住民部落不期而遇，當時得知他正在採訪撰寫這本書，就十分期待新書的出版。

身為布農族人，從這本書中發現拉阿魯哇族不僅與布農族一樣面臨強勢漢人文化的威脅，甚且作為少數的拉阿魯哇族還要面臨部落中多數布農族文化的同化危機，但拉阿魯哇族人非常用心，積極的復振自己的語言文化，推動沉浸式族語教育，無論耆老、中壯年、年輕人、女性、兒童，都有志一同，人數雖少，但他們心力堅定，充滿希望。

是貝神召喚，讓李老師寫出了這股希望：「十二顆聖貝將時時刻刻，永遠陪伴……永不失落的不是聖貝，而是你們自己！」掩卷之餘，我仍深深感動，且願意分享、推薦給大家。

谷縱‧喀勒芳安

Qucung Qalavangan

高雄市政府原住民事務委員會主委

【推薦序】

12貝神篇敘，細訴拉阿魯哇

還記得跟李友煌老師的第一次接觸，是在主任還是校長儲訓課程當中？當時他還在教育局秘書室主掌新聞稿撰寫工作。

聽他講述學校對於各種正、反教育議題與事件之新聞稿進行撰寫，受益良多。再續緣，是李老師邀請興中國小的孩子以「遙想矮人　舞蹈貝神」的舞碼參加空大畢業典禮的展演活動，我想這應該是開啟李老師與拉阿魯哇族的連結原因之一。

本書的架構別具心思，以一到十二的篇章來呼應拉阿魯哇族特有的十二貝神，將近代拉族的歷史發展，透過文學的手法，似遠卻近的觀察及互動角度，貼切的來描述族群過去的命運乖舛及未來的重現希望。內容中，詩意的傳達、歷史事件穿插、旁白的敘述、人物的自白、議題的呈現、空間的營造等，將一個族群是散文也是記敘的方式完整的介紹。

濃情之詩篇，在初貝中，宣告式的呼喊，訴盡拉阿魯哇族從有到無的文化與語言凋零、從無到有的身分認同。是耆老對族人深情的對話，期盼不忘本的意念；是族群對外族的表述，說明單一族群的存在感。

迷霧之想像，把過去的神話、歷史到事件重新解構再建構，象徵族群意象的貝神不再躲在迷霧中，而成為足以代表族群意識與認同的符碼，以此為中心建立一個單一族群清晰的想像或框架。

人物之摹寫，族群的社會運動關鍵在於核心人物，游仁貴、謝垂耀、游枝潔、余淑華、宋玉清等，在拉阿魯哇族從迷霧走向光明的道路上，各自扮演了不同階段的重要角色，如文化典藏、行政推手、教育延伸、語言扎根。他們的話語收錄與再演釋，愈發吸引人閱讀品嘗。

融入之書寫，李老師對於拉阿魯哇族的參與及互動，是本書能寫得如此貼近本族的原因。像人類學家一樣，保持一定的觀察距離，清楚描述族群的文化動向；像文學家一樣，把族群元素巧妙的安排與堆疊，字字流露族人的情感與自己的想像，閱讀起來彷彿再看一部紀錄電影般的，使人身陷此情境與空間當中。

'ʉ'ʉraisa ia pakiaturua Lee（感謝李老師），拉阿魯哇族是一個不到四百人的族群，難以受到眾人矚目，能以本族為主題來完成首本具主體性的敘述書目，在此代表族人致上深深的謝意。

希望這本書能讓世人進一步了解少數原住民族中的少數，因為台灣文化的多元之美，缺一不可。

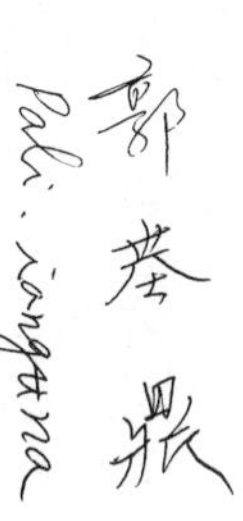

新竹師院、台東大學南島所
高師大教育系博士候選人、興中國小校長
高雄市拉阿魯哇文教協進會總幹事

【推薦序】

貝神賜予我族永不放棄的勇氣

天色如墨，房間傳出悉悉索悉的穿衣聲，看看錶，四點三十分，我知道父親起床了，又要展開起早趕晚的一天！

有多久了，父親長年奔波劬勞的背影，總在日子拉長的歲月裡逐漸傴僂，一直是子女心中的陰影。為了留下拉阿魯哇族寶貴的語言文化資產，父親從二〇〇一年起，就經常往返高雄、台北，到政大、師大、中研院等學術單位，以及原住民族電視台，進行族語的錄音、錄影工作。

最頻繁時，每週三次，老人家天黑出門、天黑回家，從山上部落一個人騎機車下到六龜，再搭客運到左營，坐高鐵到台北，忙完後再循原路回到家時，往往已是晚上九點多，月亮都掛在部落高空了。

冬天，寒風刺骨，父親形單影隻……子女們不安又不捨。父親是個連親如子女都不好意思拜託的人，這條族群語言文化復振之路，我們不忍他孤單。後來，我們姐妹三人加入他傳承的行列，為他分勞解憂。自己實際到台北錄影後，才知道一趟路，精神有多勞累。

「爸爸！真是辛苦您了。您是我永遠的榜樣！」

父親和我都很高興看到高雄市立空中大學李友煌老師幫拉阿魯哇族寫這本報導文學的書，裡面的人和故事都很真摯動人，也道盡了族人目前依然艱困的處境與貝神賜與永不放棄的勇氣。

目前我和妹妹淑萍都在高雄空大上課，是李老師在文藝系的學生，希望學成後，一起和父親及族人繼續為拉阿魯哇的未來努力。謝謝老師，我會加油的！

游仁貴：「karia pasamangantʉ cucutahlana.（勉勵族人的話：）acancancacihli cucutahlana mavacangtʉ mʉʉmʉʉa.（各位族人們，大家好。）nani maruku ucani kari, hlakiahlahlamua ihlamu mʉʉmʉʉa.（這裡有一些話，想要對大家說。）ahli'ai acancancihli cucutahlana pakitaisa ihlata Hla'lua.（希望各位族人可以發揚光大我們拉阿魯哇。）ku ucani musuaturu mairahluu vunguka.（不只是學習傳統文化。）tumua mʉʉmʉʉa umarua kari takacicihli maluliri.（也要說自己的語言。）mataingalʉ tumahlusuhlusu vungukata Hla'alua.（更要傳承下去屬於我拉阿魯哇的文化。）」

游仁貴
Amalanamahlu
拉阿魯哇族長老

阿枝潔
Vanau savanguana
拉阿魯哇族語教師

【推薦序】

拉阿魯哇族的史詩敘事

《貝神的召喚》不是一個神話就說完的故事，而是貝神的神話如何陪著族人一起生活，一起祭祀，一起平安，一起與外界起了衝突而又再次和解、一起站起來的悠悠路程。這本書記錄拉阿魯哇族人與祖源的感情，是族群的史詩敘事，更是真切的實情故事。

本書並非代筆他者的民族誌，相反的，既有冷靜的神話，更有溫暖的描述，既有過去藏在長老口中的故事，更有現代聖貝祭儀與國家地方關係的進行式，抒情且醒覺。

我們跟著作者李友煌博士的筆上山，目睹他聆聽長老的故事，一起憂慮帝國之眼與人類學家的凝視，以輕柔而帶點沈鬱的語氣，深邃思考，以詩、以小說、以戲劇的口吻，說過去、現世的拉阿魯哇族，對貝神感情的盤旋、捍衛、維繫。

拉阿魯哇人從來就是與各族群互惠、互競、互動，族群也在時間的遞嬗裡，與小矮人、日本人、客家人、鄒族、布農族、漢人，亦敵亦友，被驅逐、被欺騙、再醒覺、找回自己的回歸。就像埋在長老後院，一度遺失的貝神，很長一段時間被忽略而掩藏的部落神話，你以為他們已經走遠，其實他們正在回家的路上，正逢其時地趕上，族人為他們準備的宴會祭儀，為文化點燈引路。

簡齊儒

臺東大學華語文學系副教授

【自序】

十指起落，回應召喚

這是趟心靈、文化的豐富之旅，Hla'alua 拉阿魯哇的一切令我難忘。這些日子以來，時間往往才往前走便倒退回流，回到那海拔五、六百公尺以上的部落，與中國小偌大的操場、游仁貴長老家陡狹樓梯上的鐵厝、還有雁爾社、美瓏社的祭儀場，以及習慣站著說話的荖濃溪。漆黑的夜裡，我聽見銀河清晰流淌的聲音，星光如無數顆眨眼的珍珠，密密麻麻滿布夜空——我的腦海，那是拉阿魯哇、布農孩子黑白分明的眼睛，向我訴說山上的秘密。

我知道的還太少，但得到的已太多！

因此我要說的、多少個不眠之夜醒轉蠕爬的文字，待書本闔起之際，便會掉落到海平面以下，渴望太陽拉它一把，騰雲駕霧，再回到孩子哄笑喧鬧，可以停直升機的操場。那時，螺旋槳猛力攪拌，風吹輕每一棵沉重的樹，髮辮向後飛揚，巨響帶走所有跟隨的欲望，但山谷間迴盪著的仍是學童天真的呼嘯。

本書嘗試在傳統的報導文學形式上開創新意，結合現代詩、小說、訪談、田調、參與觀察、文獻考查、資料搜集、新聞報導及評論寫作等方式，希望呈現對拉阿魯哇族群的多元觀察視角，以豐富本書內容。

報導文學，在文學領域有其傳統；在新聞領域，則萌芽發展於美國的新聞文學。本書在掌握及不悖離現實的原則下，兼用現代詩、小說等技巧，來重建部分淹沒於時間長流中的拉阿魯哇歷史；並充分運用新媒體保留的影像紀錄，以文字再現，彌補個人採訪之限；而文學想像的生動能量，則立基於現實線索與素材，文學場景之建構亦在合情範圍內操作。在敘述視角與腔調上，則交插運用全知型第三人稱、敘事文人物第一人稱、筆者第一人稱等方式，以求靈活展現全書節奏與張力，並在力求深度議題探討之餘，不損及文本的易讀性。

但本書在短短數年內（二〇一五年起），從搜集資料、申請計畫，到實地採訪、完成近十萬字的撰寫，匆促之中，或有遺漏、謬誤，主觀、甚至偏見等，衷心盼望山上的朋友——Hla'alua 拉阿魯哇族人包容、指教。

由衷感謝眾多族人願意撥空受訪，並提供寶貴資料、典故、線索或照片等，包括謝垂耀老鄉長、游仁貴長老、郭基鼎校長，以及游枝潔、余淑華、劉曉帆等老師，還有陳思凱等許多族中青年及小朋友，其中許多人一再被我叨擾，不論住家、學校、田野、辦公室、祭儀場；現場採訪、打電話、e-mail、LINE 等，特此致上歉意。

特別感謝郭校長對這項報導文學計畫的支持，從高雄廣播電台的一場訪談開始，不斷協助介紹、安排採訪，還答應幫忙寫序，實在感心。

最後，要感謝多次陪伴我上山，協助錄音、記錄、攝影的妻子，以及多位幫助我的好朋友。

山嵐吞吐，陰晴交替，貝神的肺活量正發動今年入夏以來最大的召喚，我也聽到了，鍵盤上十指起落，緊跟拉阿魯哇族人走過正名前後。而季節成長，菅芒淒迷，小米田高聳茂盛，驀然回首，隊伍已集結前進，未來行方，我恐怕已跟不上……。

二〇一八年夏

【楔子】

菅芒的味道

高中美瓏社祭儀場
滿是曬芒草的味道
二月是忙碌的月份
耆老們已盡心準備
一年一度的聖貝祭①

二〇一六年二月底接連兩場次的「聖貝祭」（Miatungusu，或稱貝神祭），讓族人重新聞到熟悉的芒草香。族中青年在耆老指導下，早在一個禮拜前就開始忙著到處收割高大的芒草，鋪在「男子集會所」（tapuhlaihlia）前廣場，讓寒冬難得出現的暖日接力曝曬，要一直曬到芒草乾透了，才能拿來鋪在集會所的屋頂上，而一年一度聖貝祭的「迎神」儀式將在這裡舉行。

每綑都比一個成人高，曬得乾透了的芒草束抱起來有種暖洋洋的感覺，是冬天最美好的觸覺與嗅覺。對族人而言，這是一種身心靈的深沉喚醒，連遠在幾個小時車程外高雄市區的族人都感受得到，因為貝神（Takiarʉ）藉由季節嬗遞的「物語」在召喚了，他們也準備啟程返鄉，一路在芒草搖曳的河谷及彎曲山路的陪伴下回家，參與聖貝祭。

聖貝的子民，自稱為 Hla'alua 拉阿魯哇，已存在台灣幾百千年，卻彷彿剛誕生一樣，許多族人還在「牙牙學語」，既驕傲又害怕，驕傲的是終能為官方認定為嶄新的族群——台灣第十五族，害怕的是人口最少的一族，會不會才剛拿到族群身分證明就馬上失去語言文化，成為清晨茅草上的露水，在太陽下蒸發，變成虛有其名的一族——他們必須和時間賽跑，非得趕上太陽和月亮輪替的腳步才行。

本文開頭第一段引自拉阿魯哇族臉書網頁上的文字，道盡族人滿心歡喜期待聖貝祭到來的雀躍心情。「沿著美瓏社爬坡繼續往祭儀台前進，周邊的梅花漸漸綻放，散發出淡淡的清香，好像提醒著一年一度的聖貝祭即將來到…在外的族人們，記得回家一起『賞梅花、躍貝神』」②。

部落積極透過社群網站，祭出洋溢家鄉味的芒草和梅花的親切問候語，對旅居在外的族人密集發出真摯而熱情的邀約——「回家吧！回到部落懷抱！」

果然，接連兩場次的聖貝祭，不僅族人熱烈參與，也吸引許多外來遊客上山參觀，把附近寶來的民宿房間都訂光了還不夠容納。而年年聖貝祭，都是貝神最神聖有力的召喚，召回子民，也喚醒初春！

拉阿魯哇族人是好客熱情的東道主，但因文化認知的不同，發生一件小插曲，暴露出台灣尊重多元文化的素養還有待提升。

遊客亂入撿聖貝，打擾神聖祭儀

高雄市桃源區美瓏社、排剪社拉阿魯哇族二月二十九號，舉行聖貝祭，由主祭者帶著象徵潔淨的未婚少女，一同拋出十二顆聖貝，這十二顆聖貝各象徵不同意義，撿到的拉阿魯哇男子，今年將會有相對應的福氣。

聖貝一拋出，美瓏社男子互不相讓搶成一團，不過就在此刻，竟然有遊客趁機撿其中一顆聖貝，掉頭就走，但遭到美瓏社男子制止，族人認為這項舉動相當不可思議。拉阿魯哇文教協進會理事長謝垂耀：「聖貝祭……是很神聖的祭儀活動，如果說我們遊客不懂得禁忌，然後撿了我們貝神以後，可能對我們族人有不祥之兆。」③

「雖然發生這樣的事有點遺憾，但我們並不後悔開放遊客上山參觀我們拉阿魯哇的祭典，因為我們希望讓大家來認識我們這個族群……其實發生這件小插曲經過新聞媒體的廣泛報導，反而可以提醒大家尊重他人的文化，也發揮了教育的意義……所以我們不會像有些族群，嚴格禁止外人參觀祭典。我們之所以把過去兩三年才舉辦一次的聖貝祭，在正名後改成每年都舉辦，也是基於同樣的理由。」身為聖貝祭系列活動主要策劃者之一，也是目前族群振興中世代的郭基鼎（Pali langttana，高雄市桃源區興中國小校長）侃侃而談，流露自信。

是的，全力推廣拉阿魯哇族群文化，這支古老卻又彷彿初生的族群正全力與時間賽跑，不會因一點小挫折而停步。

拉阿魯哇族的未來在郭基鼎眼中閃現希望光芒，他的教育專業素養，正可用於協助自身族群的振興，這是貝神的恩賜，而他也願意承擔這恩賜，反哺回饋自己的族群。

然而，Hla'alua 過去並非郭基鼎和許多族人的堅定認同，他們被劃歸，以為自己是鄒、是南鄒，曾經迷惘錯亂過好長一段歲月，他們是如何穿越層層混淆的身分認同之迷霧，找到自己的？甜美的果實不會憑空掉下來，這原屬於他們、真正的族群身分，他們是如何肯認、如何爭取來的？現實的困境為何，他們如何克服？未來，他們又將往何處去？

① 引自 Hla'alua 阿魯哇族 -Facebook.https://www.facebook.com/Hlaalua-%Eb%8B%89%E9%98%BF%E9%AD%Af %Es%93%87%E6%97%8F-200365026821743/。

② 同上，引自拉阿魯哇族臉書網頁。

③〈拉阿魯哇聖貝祭，遊客撿走貝神，壞預兆〉，引自原住民族電視台，Umas Suqluman/Talu 高雄桃源報導，http://titv.ipcf.org.tw/news-19249，2016-02-29。

初貝：矮人的話、貝神的召喚

1 矮人的話

清晨的露珠積攢
到了足夠分量的時候，便
壓沉了樹葉
自葉尖滑落
此時正有千萬顆晶瑩剔透
的水滴在我們頭頂上醞釀
千萬顆樹在承受——
那是祝福的重量

出發是最好的離別

拉阿魯哇的族人啊，我們的好朋友
請聽我說
離別雖然傷感
却不是苦痛
水滴滴入土壤，可以讓小米萌芽茁壯
可以讓河流壯大，咆哮山谷，奔騰到海

你們看
纍纍的小米穗不像顆顆水滴的結晶嗎
你們將降下山谷、穿越平原、看到大海
那是和天空一樣遼闊的天下
那裡有比煙嵐雲岫更變化洶湧的濤浪
當它噴濺到你們的隊伍時
你們可以感受到那一顆顆
水滴，充滿力量
放聲吶喊，滿溢鹹味
那是你們淋漓的汗水
你們終將與自己滴落的重逢
在那西方遙遠的海邊
那裡也是大洪水的盡頭
你們將從那裡重新歸返，就像
大海被太陽曬成雲
雲被風吹向山，凝成雨水
降回山林
拉阿魯哇的族人啊，我們的好朋友

請聽我說
百合花已自幽谷悄悄
開到家屋，木槲蘭也聚會在
Tapuhlaihlia①屋頂盛開
當蝴蝶翩翩
染香空氣的時節
你們即將離去
從東方之山、日出之地出發
朝向廣闊的天地
Hlasʉnga②是我們一起居住的地方
神聖所在
你們將永不忘懷
這裡的林木蓊鬱茂盛，泉水豐美
走獸成群、游魚飛鳥、米粟果實、庇蔭連綿
你我常常酣放同歡，徹夜
舞步撼動山谷、歌聲響徹雲霄
從太陽直到月亮
升起。天空布滿旋轉的星群
所有的生靈都凝神傾聽
直到露水溼了又乾
直到第十二個太陽
落下。從不休息

神話是永不熄滅的火種

拉阿魯哇的族人啊，我們的好朋友
請聽我說
巨鰻盤踞山谷，水淹至高山
所有的人和動物都跑到山頂避難
族人學習蒼蠅摩拳擦掌
發明了鑽木取火，火種
從一座山到另一座山，薪傳途中
燒彎了山羊角，又燒短了山羌角
大地持續沒頂，火苗依舊燙手
動物們都來幫忙……
有了火，水還是不退
族人很不快樂
Arupiau③不再喧鬧呱噪
它們冒著嘴喙腳爪被燒得通紅的痛苦

啣回來的火種眼看要被水熄滅
動物們又都來幫忙……
這是遠古時代的事
但你們要牢記不能忘

拉阿魯哇的族人啊，我們的好朋友
請聽我說
大洪水消退之後，族人四散流離
但你們不要悲傷
芒草會割傷你們的手
落石會擊中你們的肩膀
海水會淹沒你們的腳踝
你們將在自己的土地上流浪
和他人的血脈相連
這將使你們憂心又強壯
你們揹負祖靈攀越
山峰一座又一座，溪流一條又一條
星星那麼多
但太陽照耀月亮

你們只要認清，祖靈
指引的方向
就不會迷失與傷害

春天勢將歸返

拉阿魯哇的族人啊，我們的好朋友
請聽我說
你們落腳定居又將開枝散葉
不要怕，你們會
像族人拿來做家屋梁柱的櫸木般牢靠堅固
你們要相信
再大的風也撼不動釘根的櫸樹
風後，枝枒依然向上、向八方四面高挺
舉起。所有曾被迫、被壓彎拗折的
都將再度得到伸展生長
這是我們給的承諾
到冬天嚴寒時節，必將以血驗證
每片染紅紛飛的葉子

△拉阿魯哇族人走出南鄒認同迷霧，證明自為一族的身分，走出自己的路。

必將萌生益發鮮紅的嫩芽
離去的勢將歸返
這是我們的承諾
然後，你們會知道春天
來了

拉阿魯哇的族人啊，我們的好朋友
請聽我說
凡腳到的地方，心必跟隨
分享是最富有的力量
無論到哪兒都一樣
分給鳥分給魚分給獸分給人
分給天空分給大海
大地總是不斷的分享
它背負得越沈重
就越能賜予
它賜予的越多收穫就越豐厚
來，這顆珠貝你們拿著
閉上眼睛

從一數到十二，可不——
你們會發現
握著時只有一顆
但攤開就有十二顆了
不——
是百萬、千萬顆
像頭上沈甸甸的，持續不斷滴落的水珠
生命有時需要緊握，有時需要放開
你們有這個智慧
叉路從來不會終止，像樹
不斷分叉開展、成長茁壯
但路會越走越寬
走得再遠，源頭仍在
朋友愈來愈多，枝繁葉茂
你們要有信心

面目模糊，不復相識

拉阿魯哇的族人啊，我們的好朋友
請聽我說

這十二顆聖貝
你們要永遠珍惜，這是
我們的賜福、你們的未來
也是我們重逢的信物
你們的離去是顛沛流離的開始
是輾轉反側的開始
也是一趟自我追尋與實現的漫長冒險
在遷徙拆散、打擊壓迫中，你們
被迫剪掉母親的舌頭，換掉父親的衣冠
你們面目日漸模糊
彼此不復相識，甚至
冠上他人姓氏
毫不自覺
但莫要遺忘
只要牢記，聖貝將
重新召喚，召喚隊伍
重新集合，即使族人分散茫茫人海
在各種語言面目都不同的人群中，你們將
重新認識自己

重新看重自己
重新開拓自己
到時候，眾族都將重新叫出你們的名——
Hla'alua④
而且跟著你們的口音
堅定、鏗鏘
如響雷傳遍天地

聖貝永不失落

拉阿魯哇的族人啊，我們的好朋友
請聽我說
你們千萬不可喪志
隊伍可以分散，但隊形依舊在
你們可以重新找回來
只要聖貝猶存
混濁咆哮的荖濃溪終就有安靜澄清之時
當芒花開遍河床，枯死的老莿桐再度
綻放紅焰的時節，春天必將
浮現——聖貝
你們懷揣必不虛空
聖貝，你們不要怕失落
怕的是遺忘
只要不遺忘，祂們會在你們重新記起時
回來
一顆、兩顆、三顆、十二顆
無數顆

拉阿魯哇的族人啊，我們的好朋友
請聽我說
一粒小米撒播在土裡，若活了
必結實無數
河流從水滴開始
一呼百諾，山谷的風
讓鷹了解這個道理
上升到太陽的高度
你們不必嫌少、患寡
少即是多

你們當知曉少數的力量
聖貝徜徉、翱翔、泳游
無形無體、自由自在
今後族人不論集中或分散
在城、在鄉，部落，或世界哪個中心與角落
十二顆聖貝將時時刻刻，永遠陪伴
召喚、應和、共感
那時，你們已幡然——
永不失落的不是聖貝
而是
你們自己

2 哭泣的貝神

「馬鹿（ばか）！」天外奔雷乍響，族人皆默。

午飯過後沒多久，一朵烏雲悄悄醞釀，從塔羅留溪源頭的他果晏山升起，在族人不注意時已經擴大發展，盤據整座排剪山及部落上方的美瓏山，龐大蒸騰的水氣集結，雲色轉濃變暗，勢力擴張，一下子就吞沒了太陽和所有山峰的輪廓，烏雲遮天蔽地，天色昏暗如夜，情勢令人屏息。暴雨降下，只是遲早的事。

兩個日本警察扯著老頭目上衣領口，邊咒罵邊將他往部落外拖行。幾個日本警察持槍在旁戒備，嚇阻族人躁進。巫師帶著族人緊緊跟隨，形成包圍之勢。頭目緊繃的上衣完全被扯破了，他嘴唇緊抿，臉孔因曲辱而扭曲，任由日本警察拖拉，往路口的方向踉蹌。

「野郎（やろう）、畜生（ちくしょう）！」警察使勁打了頭目好幾個耳光，聲音如利矛鑽刺入族人心裡。頭目跌倒掙扎，試圖爬起，警察又上前狠踢數腳。頭目緊緊抱著胸口，縮著身體承受暴力。

悶悶的，雷聲滾動，從遙遠的他果宴山到鄰近的排剪山，彷彿有什麼在烏雲頂端巡狩著，步伐悲傷而沉重。

族裡年輕人發出怒吼，想衝上前，但被巫師和長老們制止了。日本警察見狀拿起槍托，一個箭步——鮮血從巫師鼻孔噴濺而出……，灑在旁人臉上。溫溫的，以為是雨，一摸才知是血。

婦女們噙淚別頭，不忍再看。

老頭目任由日本警察踢踹，曲身守護著的是一個陶甕；但經此折騰，終究也破了，碎裂的瓦片割傷老頭目雙手，顫抖流血的手中捧著幾顆貝殼。

「笨蛋——」一位看似官階較高的日本警察，喝止警察踩踏老頭目雙手的粗暴行為。但有幾顆貝殼已被踩碎，灰白的細碎殼片，被腳印嵌進泥土地裡。老頭目跪地垂首，撫觸殼片，大顆大顆的水珠此刻滴落在他龜裂窟皺的手背。

雨開始滂沱，天地號啕，由遠而近。

沒有人有離開避雨的意思。帶隊的日本警官不禁皺眉。他急於想結束這場騷動，目標非常明確，沒必要再耗下去。只要帶走貝殼，就可破除這支上四社蕃的貝殼崇拜。拂曉從寶來駐在所入山，分兩支配合當地派出所警力執行清除任務，一支逕往埔頭溪北側台地的排剪社（Paicaina），再上行塔羅留溪北岸山頂的塔蠟袷社（Talicia）；另一支由他親自帶隊，走浦來溪頭社戰道，沿美壠山稜線直下荖濃溪東岸的美壠社（Vilanganʉ）；再過河上行桃源溪口北岸，順利完成四社最北端雁爾社（Hlihlala）任務。

△荖濃溪上游芒花搖曳，是拉阿魯哇族傳統領域之一，也是族人依戀守護的心靈原鄉。

日本人毀聖貝，丟進嗚咽的荖濃溪

日治時期這波皇民化運動，包括宗教舊俗改革運動，許多廟宇被拆，漢人住家神主牌、神像被燒，原住民亦無法置身事外，災禍如火如荼燒進原民部落。駐守寶來的日本巡查也接到來自蕃薯寮旗山郡役所的命令：平地漢人被要求拜日本神，高砂族各社也必須跟進；宗教信仰的淨化最為重要，破除「迷信」列為首要之務，因此持有聖貝的 Hla'alua（拉阿魯哇）成為目標。

原本預料各社即使心不甘情不願最終也會乖乖交出來，沒想到在美瓏社這邊踢到鐵板，反抗這麼激烈，老頭目死抱陶甕不放，一路拖行到部落社口。情勢若不能好好掌握，恐釀成禍端。為抗議拆廟燒神像，平地漢人群情激憤的畫面浮現在他腦海，「就幾顆貝殼，實在沒必要！」帶隊的巡查部長打定主意。

雨勢很大，大家都淋得像落湯雞，他只想趕快停止這場無謂的爭執。他命令隊伍退後，彎下身，親手攙扶起老頭目。假意想拍落老人家身上灰塵，但泥印已為雨水滲入，汙漬成形。他掏出潔白手帕，為頭目擦拭手上血跡，血水趁著雨水，迅速在手帕上渲染出鮮紅花朵，格外怵目。

老頭目敏感的縮回雙手，生怕手中的貝殼被人搶走。地上破瓦殘甕中，還留有好些顆貝殼，他又連忙蹲下，忙不迭地將貝殼都兜進懷中，不顧滿手滿衣泥濘。

「各位 Sa'aarua——」巡查部長轉向眾族人。他的聲音遭雨聲稀釋流洩，吸納混入泥地上、樹葉裡、草叢中……大自然的一切回響裡。為了對抗，他不得不提高音量，以自認「文明」的方式對今天的任務做出說明和解釋，但聽來近乎嘶吼。

日本警察終於下山了。帶著貝殼，當然。只是過河時，悉數丟進荖濃溪滾滾濁流中。

3 貝神的召喚

數十年後，當年邁的巫師悠悠醒轉。且在悠悠忽忽的時光中，追憶昔日情景。花生殼花生屑，幾瓶紅標米酒歪倒的桌上，蠢蠢蠕動著什麼……。夏日旺盛綠草轉瞬淹沒的部落產業道路，處處爬滿雨後蝸牛，伸長了頭上觸角，奔跑起來，飛騰起來，啊！波濤洶湧的溪流。

當年貝雨整整下了三天三夜，三天三夜啊。

不只美蘭部落（即美瓏社），整個 Hla'alua 傳統領域，從勤和、上寶來、桃源以降，到高中檢查哨，連那瑪夏的瑪雅那邊也是，整整下了三天三夜的貝雨。真是嚇人啊！貝神生氣了。到處都是貝殼，地上、草上、樹上、車上、山上、屋頂上，甚至人的身上，屋裡屋外，到處都是；紅的、白的、褐的、黑的，七彩迷離，各種顏色的貝殼，滿滿的，每個部落都滿滿的。

不，我沒醉，我沒記錯，這麼大的事怎麼會記錯呢，開什麼玩笑。一夜間就是了，太陽躲起來，貝神回來了，很生氣。怎麼可以把貝神丟進河裡，騙我們。不是保證只是暫時保管嗎？像山下漢人的神像一樣，集中起來而已，他們才好交待；馬上就會還我們的。騙子，日本騙子！嗚嗚……

有嗎？我有被槍托打昏嗎？怎麼可能，從頭到尾，我都在場。幾十個日本人拿著槍闖進部落啊。老頭目聽到消息，急急忙忙挖出屋後的陶甕，但已經來不及了。幾顆？整整二十顆牙啊，全都在。瞧！我的牙齒，掉光了。不——不是槍托打的，是日本人搶走的。嘩啦嘩啦的掉，像雨一樣，滿坑滿谷。濃霧從河面升起，籠罩整個部落、整個山頭，全黑壓壓的，伸手不見五指，都是、到處都是，看不清也數不清啊。

我再喝一杯，等我再喝一杯。什麼，沒酒啦！等一下，我叫孫子到村口那家漢人開的雜貨店買，那裡有好多酒和花生。什麼，你去訪問過，是平埔族，不是漢人。他不知道啦，他爸爸是漢人，媽媽才是平埔啦。咦？你是日本人嗎？怎麼會講日本話。哦！你是台灣人喔，漢人嘛，漢人很壞的，和日本人一樣，騙我們的土地，還撬開我的嘴巴，拍照——我眼睛嚇了一跳，一直拍照，數我有幾顆牙。掉光了喔！都掉光了。

不能再喝了!?你管得真多，我很清醒，你的問題太多了。長怎樣？貝殼就是貝殼，貝雨就是貝雨，貝神就是貝神，有什麼好奇怪的？貝神怎麼可能站在那邊立正給你看呢？你也喝一杯嘛！你不喝酒哦，酒真不是好東西，哈哈！貝神也愛喝酒哪，開心的時候，就會回來找我一起，喝得臉紅通通的一起。在哪裡？在這裡啊，在我旁邊啊！蝸牛是蝸牛，貝神是貝神，怎麼會一樣？你看不到的啦，漢人看不到的。說來就來，說走就走！從來都是這樣，我的爸爸，爸爸的爸爸，啊——你不信、你不懂。你走啦！沒酒喝，我要睡覺了。

老巫師醉憶當年，貝神回來了

老巫師趴在桌上，沉入夢鄉。酒味與檳榔味瀰漫這間湫隘的河邊茅屋。茇濃溪轟隆作響，彷彿自古以來便是如此，記憶只有暴漲，沒有消瘦的時刻。然而，記憶如彎曲迴繞的河道，胸腹中亂石磊磊；如雨季迷霧森林中的林道，令人心亂意迷。沉溺、迷路，不可自拔，不論是說的人，還是聽的人；以及時間長河中，那些世世代代，不斷耳聞口傳，再耳聞口傳，居住在記憶孤島的人。橋斷了，山長成孤島。

記憶零碎而片斷，老巫師口齒不清。只有文字才是清醒可靠的。所以我們帶著紙筆來到山上。但山上的迷霧依舊，暴雨依舊，茇濃溪一生氣就沖堤毀岸，吞噬道路，連鋼筋水泥大橋也咬斷。

△拉阿魯哇族目前重建了兩處祭儀場，一在雁爾社，一在美瓏社（即美蘭部落）。傳說日本警察為破除迷信，到美瓏社搶走了聖貝，丟進滾滾的荖濃溪裡，溪水嗚咽至今。

雨季持續，我們有耐心等待溪水自己沉澱澄明嗎？還是急著要下山。

荷蘭、明鄭、滿清、日本、民國，陳夢林、黃叔璥、伊能嘉矩、森丑之助、佐山融吉、小島由道、小川尚義、淺井惠倫、劉斌雄……。一批批的「我們」，遙遠的書寫分類，帶著紙筆、錄音機、照相機、錄影機和筆電上山，近距離的紀錄、書寫、分類。大多時候，我們需要槍枝、部隊與翻譯隨行。槍口下，文字的筆尖閃閃發光，有時候難免蘸血為墨。這部以「蕃」為名的他者之史遂血跡斑斑。頭上長草的番人與土俗充滿魅惑，人類學家的田野調查，洋溢追求高貴野蠻人的熱情與氣息，本質卻是進步主義的工具理性之介入，矛盾從一開始就註定了。因為在時間的河流中，每一步伸入水中的腳，都是侵擾與壓迫，都改變了河流，都無法準確地丈量河水的深度。

搭橋的人開著怪手，帶著重機具上山，但一挖一鏟，減減增增，層層又疊疊，卻改變了地貌與河道。橋通了，流經的卻早已不是原來河流熟悉的語言，記憶改道，土地支離破碎，只有遺忘一路浩蕩，奔騰出山。

4 上山：夜深路蜿蜒

凌晨三時許的六龜街頭丁字路口，簡直不是寂寞荒涼一詞可以形容。熟悉的小七（7-eleven 超商）在水銀燈下散發奇異的樣相，我彷彿來到小王子筆下的外星球。無車無人無聲無息，整個六龜都睡了，只剩這裡還醒著，百無聊奈的醒著，小七裡頭一個人都沒有，連店員都不知藏哪裡去了，久久未現身櫃台。

這時節（二〇一六年初）到六龜，夜裡頗有寒意。買杯熱咖啡和飯糰，我要開車上山了。目的地是拉阿魯哇族雁爾社在四社舉辦的第一場聖貝祭。準五時開始，我可不能遲到。

從六龜、寶來、上到桃源，是過去樟腦大軍沿山砍伐樟樹林子的主要路徑。清朝、日治到戰後初期，都是如此。所謂的「開山撫蕃」其實就是軍事屈服與經濟剝削的一刀兩刃。森林資源與原住民都需要歸順，都需要被馴服。這條昔日洋溢樟腦香味，充斥殺伐之氣的上山之路，如今已是平坦的柏油路。除了颱風暴雨的季節，遊客不需冒任何危險，即可輕易履臨。

我被迫必須夜宿六龜，因為聖貝祭的關係，最近的旅宿雖在寶來，但全都客滿了。山上（桃源區高中里）一間民宿都沒有，自從莫拉克風災南橫不通後，這裡的遊客銳減。

要嘛開夜車直接上山，要嘛待在六龜一晚。我選擇後者，八百元一晚的小鎮旅社，樸實簡單得讓我有彷彿回到樟腦集散地昔日時空的稀微感受，過去腦丁們從甲仙和寶來等地運來樟腦油和腦砂後，想必也有機會在這茏濃溪河岸六龜的某個地方歇腳過夜吧。很難想像這稀微山城，曩昔入夜燈火通明，旅舍、酒家、戲院、商店林立，還有專為原住民設的山地交易所，而這一切的動能都來自林業資源的開發。但對原住民來說，為採樟伐木架設的六龜警備線道，那通電銳利的鐵刺網，無異勒住咽喉的利索，無情劃破山林子民最後的尊嚴。

上山採訪，鑿穿黑暗

夜很深，蜿蜿蜒蜒，整條台二十線都是我的，沒有路燈的地方，世界好像啪的一聲被關掉，只有車燈努力鑿穿前方黑暗。車過寶來二橋，便開始出現上山參觀祭典的同伴，跟著他車，很快抵達目的地。廣袤山林中的一處空地。來的人頗多，狹窄的產業道路已停滿長長的車龍。大家都帶著各式各樣的相機、錄影器材，也有原住民台的新聞記者來採訪。

看來，拉阿魯哇族聖貝祭已打響名號，為求復振和推廣族群文化，經過族人多次開會協商，取得共識下，將原本兩三年舉辦一次，一次舉辦六天的大型聖貝祭儀式，改為每年舉辦，每次簡化為進行一天的模式，不僅加強本族年輕世代學習傳統祭儀，也好讓社會大眾有密集接觸其文化的機會，結果成效良好，媒體報導熱烈，提高了拉阿魯哇族文化的能見度。

不過，祭典時間這麼早，山路迢遙。來的都是有心人，大家都很安靜，深怕打擾部落的靜謐與神秘。清晨四時許，城市裡的人們大都還窩在溫暖的被裡，滿天星斗下的部落早已在冷冽的空氣中甦醒了。明月當空，但天色猶昏暗，在族中長老帶領下，男性族人依序進入部落廣場（聖貝祭儀場）旁的男子集會所就定位等待。

寒風沁膚，雁爾社初祭展開，黑暗中，會所內火塘燃起，映亮族人虔誠的臉龐及盛裝的服飾。主祭長老引燃火炬，敬告各方諸神，聖貝祭就要開始，準備迎接貝神及祖靈降臨。

5 貝神降臨

祭儀場火塘熊熊，族人備妥豬肉、米飯、小米酒等祭品，主祭游仁貴長老喃喃禱念，將手指浸入酒裡，再向外灑出，高喊「tamu'u」（敬神之意），呼喚祖靈、恭迎諸神享用。族中男子也輪流引燃舉起火苗，沾酒灑向天際，跟著主祭引領，集體應和，反覆吟誦、獻唱祭歌。部落巒脈輪廓漸明，曾經中斷近五十年的祭典一旦甦醒，土歌古語直達天際，陌生而熟悉，貝神子民以虔誠之心擾動亙古大眠，呼喚回應，而深山野嶺屏息靜極，彷彿全宇宙都在凝神注目、傾聽。

聖貝祭目前大致分為：迎神初祭、慰勞祭、刺豬祭、聖貝薦酒、驅趕惡靈祭、團獵祭等六大儀式分段舉行。重頭戲「聖貝薦酒」儀式，主祭以酒灌祭，把聖貝浸在酒裡，待其顏色變紅，好似酒醉酩酊之狀，代表貝神已歡飲，才算大功告成。開甕，只見游長老取出一個以紅布封存的陶甕，請出甕中聖貝後，浸泡在竹筒裡的酒渣中，讓貝神盡情暢飲，待其酣暢淋漓，心滿意足；再置入另一竹筒中，以清水沐浴洗淨，最後擦乾，請回甕中以紅布封存。過去封存聖貝的陶甕，會埋藏於頭目家屋後院，以待下一次聖貝祭。

聖貝薦酒，流傳矮人古老傳說

雁爾社的聖貝薦酒儀式都在集會所裡舉行，並不對外公開，一般人很難看到聖貝的廬山真面目，主要原因據主祭游長老解釋，聖貝最初由Kavurua（小矮人）持有，矮人不僅教會拉阿魯哇族農作及漁獵知識，還在族人向東遷移時贈送聖貝保佑他們。

但矮人聖貝最初僅託付美瓏社人，所以聖貝祭最早是美瓏社特有的祭典，其他各社都沒有。美瓏社舉行聖貝祭時，部落頭目和公主會公開在祭典廣場上，將十二顆聖貝拋灑出去，讓部落男性搶拾，搶到聖貝代表獲得貝神祝福。排剪、雁爾、

△拉阿魯哇族聖貝祭中，有許多象徵族群繁盛及團結的儀式，例如分發藤圈、大家手握藤圈，圍成圓圈，心手相連；女性族人將沾上獻祭豬血的竹籤插入填塞芒草的竹筒中，竹籤越多，代表人口越旺盛；以及男女牽手輪舞，合唱數人數歌等。

塔蠟給三社羨慕美瓏社有聖貝，趁美瓏社人不注意時竊取，神奇的是原本只拿了幾顆，但回到各社後都湊齊了完整的十二顆。因為不好意思，所以既沒有公開拋灑聖貝的儀式，連聖貝浸酒儀式也只能「偷偷」在聚會所內舉行，不敢聲張，以免被美瓏社人發現。此一傳說，為聖貝祭神話增添不少人情趣味，也說明了聖貝之於拉阿魯哇族各社的珍稀與可貴。

火塘內炭火轉熾，煙霧繚繞，木頭燒得嗶剝作響。集會所裡，族人圍繞，游長老領頌，娓娓訴說祖先輾轉流離的經歷，從山谷到平原，顛沛遷徒，苦難從沒少過，但總有貝神、祖靈伴隨。即使族語古音仍似懂非懂，年輕族人在聆聽中肯用心學習，不僅親近熟悉了儀式，也得以了解自己族群的歷史。薦酒儀式後，主祭將象徵團結的長長紅繩，依序傳遞串聯每位族中男子，大家牽起紅繩，在會所內外再度踏舞吟唱，雄渾嘹亮的天籟終於喚來天明。

主祭仍由游長老擔任，依序進行包括迎神、初祭、祈求獵物、鑽木取火（象徵薪火相傳、生生不息）、向東方射箭（驅趕惡靈）、刺豬祭（獻給 ihlicu，即鬼、靈）、聖貝薦酒等儀式。刺豬祭反映拉阿魯哇族農耕之外的狩獵文化，綁豬、刺豬過程，豬隻號叫哀鳴，因此形式上雖是主祭以弓箭射豬，實際是一刀斃命，減少豬隻痛苦，並當場割下豬頭，豬肉將由族人分享。

聖貝祭莊嚴隆重，禁忌頗多，族人相當謹慎，且女性不得參與前半部，特別是在男子集會所內的儀式。一直到刺豬祭後，先由男性隊伍在祭儀場牽手歌舞，再加入女性族人隊伍，最後融合交混，一起圍圈歌舞直至終了。

兩場祭典，雖分四社、美蘭兩地舉行，但其實各社族人都會參與。拉阿魯哇人數不多，祭儀中有族人依序引燃茅草束，集中於火塘燃燒；以及由女性分發小藤圈，男性族人相互握持藤圈，串聯形成一大圈，跳起藤圈曲舞，高唱數人數歌。

雖是雁爾社的聖貝祭打頭陣，但其他各社族人也都扶老攜幼來參加，大家穿得漂漂亮亮，趁此聚會交流，互動熱絡。更難得的是，有人遠從高雄市區、甚至更遠的縣市回來，常年在外工作和就學的年輕人，移居在外的家庭也都由父母帶著子女，回到部落。還看到，部落族人放下農事，從田地騎著機車趕來。找個空地停好車後，連忙換上傳統服飾，趕緊加入進行中的祭儀。

隔日，過河（荖濃溪）的美蘭部落祭儀場，是美瓏社舉辦第二場聖貝祭的地方。因舉辦的時段較晚，故比雁爾社吸引更多民眾上山參觀。

祭儀場四周，除環繞前來參與祭典的拉阿魯哇各氏族，還有滿滿的遊客人潮。廣場旁，紅藜田結實纍纍，紅寶石般的穗實和楓紅葉色，映襯翠綠遠山，是平地難見的美景。族人在紅藜田旁擺攤，展售農特產品和小吃，遊人穿梭，增添祭典歡樂氣氛。

女性也會在刺豬祭後一一以竹籤沾豬血，再插入廣場中豎立的竹筒中，並與男性牽手輪舞，以對唱及合唱方式，唱數人數歌、對歌及歡樂歌等。這些分段儀式，都象徵族人薪火相傳，團結凝聚，人數聚集，繁衍族群的意義。族人於廣場盛裝歌舞時，浸漬酒中的聖貝已呈紅色，代表貝神歡飲酣暢；拋灑聖貝後，儀式已近中午，陽光熱炙部落，遊客聚集更多，現場宛如嘉年華會。

而族人則分享醃豬肉、糯米飯、小米酒和飯菜等，交流盡歡。族人以大竹筒裝小米酒，再倒入小竹杯中飲用，飲至豪邁時，率性的直接以大竹筒灌嘴，飲酒不僅可以紓緩祭典壓力，也熱絡了族人情誼。

神秘祭儀今公開，族人盼外界尊重神聖性

雁爾社聖貝祭儀式展開時，大批媒體記者、田野紀錄工作者和遊客等，紛紛圍攏過來，爭相拍照攝影，甚至攀附在聚會所欄杆，擋在祭儀活動進行中的族人前面等。雖然族人大都默默承受，但也有感到不安者，深怕這些騷動有損聖貝祭的神聖性，招致貝神不悅。

後來請益族人，郭基鼎校長表示，以前祭典從不讓外人拍攝及干擾，但現階段的首要任務是薪傳並推廣族群文化，讓後代子孫及社會大眾了解，而媒體的報導和學者專家的觀察紀錄有助於此，所以在兩難的情況下只好破例開放；但仍希望外界能尊重儀式的神聖性。

雖然聖貝古文物已不復存在，但拉阿魯哇族人再現聖貝文化，發展出十二聖貝的理想典型，祂們分別具有專名及殊異神性，分別為：

①勇猛神：能保護族人成為勇士。
②狩獵神：能保佑族人狩獵時都能獵到獵物。
③健康神：能保佑族人身體健康強壯。
④食物神：能保佑族人每年都有豐富的食物。
⑤驅魔神：能驅逐妖魔永不附身。

⑥勤勞神：能保佑族人勤勞工作。

⑦平安神：能保佑族人做任何事均能相安無事。

⑧驅懶神：能使族人驅離懶惰。

⑨狀元神：能保佑族人出人頭地、成大功、立大業。

⑩守護神：能守護部落族人化險為夷。

⑪聰明神：能保佑族人個個都聰明。

⑫風雨神：能保佑年年風調雨順、遠離天災。

△美瓏社聖貝祭的「聖貝薦酒」有公開拋灑聖貝的儀式，男性族人見狀，立即加入搶拾的行列，動作迅捷熱烈，是整場聖貝祭的高潮。
十二聖貝各有各的殊異神性，能保佑搶得的族人，賜予該貝的福蔭。
這獨特的儀式，是拉阿魯哇，也是台灣的文化瑰寶。

① Tapuhlaihlia 男子集會所。
② Hlastʉnga 東方之山。
③ Arupiau 紅嘴黑鵯。
④ Hla'alua 拉阿魯哇。

二頁：我到底是誰？

1 你不是鄒族的嗎？

走在校園裡，郭基鼎笑容燦爛，一如故鄉部落的太陽。考上新竹教育大學後，展開忙碌的校園學習生活，有課業還有社團要忙，加上路途遙遠，除了寒暑假，比較少有時間回家。對部落的想念似乎被沖淡了些，但一遇到要緊的事，潛藏在生命底層的原力，還是如茏濃溪的高山鯝魚般激動的躍出水面。

學姐告訴他要在學校舉辦大型的原住民歌舞活動，大家要積極準備。「欸！學弟你不是鄒族的嗎？太好了啦，今年終於有機會跳鄒族的歌舞了，好期待喔！」看著學姐開朗的笑臉，他臉上掠過一抹浮雲遮住太陽的陰影，雖只是一下下，學姐沒注意到，但他自己心裡明白，那道陰影產生的原因。

「怎麼辦？我完全不會鄒族的歌舞耶？」他內心囁嚅著。

一路上來，他所受的都是主流教育，他和漢人一樣朝著一致的人生目標前進，各階段學習過程中，學校裡沒有人在乎過、並教他過原住民該受的教育，更別說是台灣那麼多族群中的一個小族——鄒族的豐年祭歌舞了。

「怎麼辦？回家學也來不及了！」遠在山上部落的媽媽，歌唱的肺活量再大，跳舞的動作再醒目，也救不了他。這是危機，也是轉變的契機。

不僅郭基鼎和同輩，甚至再年輕一些的陳思凱（'Avi Hlapa'ahlica）等年輕人，他們都有類似的成長經驗：從小不知道自己的文化，等有機會從哪裡學到，自以為學會了族人傳統歌舞，驕傲的展示給族裡長輩看時，卻被罵說：「這不是我們的歌舞！」，因而困惑沮喪不已。

「不知鄒，更不知有拉阿魯哇！」是過去族裡年輕一輩普遍的認同窘境。成長於以犧牲母語作為代價來學習華語的年代，郭基鼎、陳思凱等年輕族人根本不會講自己的母語（在族群意識覺醒前，他們一直以為自己父母講的是鄒族語，他們家是鄒族人），也不真切的認識自己的族群文化。從進入學校和師長打招呼的第一聲「早安」開始，學童就被迫脫離了熟悉的部落文化氛圍。

被從母語學習的土壤連根拔除了，學童所有呼吸吐吶的氣息都是華語的；最根本的語言脫落了，何況依附在語言上的族群文化。唱歌跳舞？那也是中國童謠或所謂的「民族舞蹈」，想學原住民歌舞，真是奢望了。然而即使自以為學會了，結局也是難堪的。

2 不對！這不是我們的歌舞

幸好，一切都是郭基鼎想太多了。最後是社團學長姐找人特別來教他們鄒族歌舞，讓他鬆了一口氣。

「哇！好棒。第一次接觸到鄒族歌舞，真的是有給他震憾到——」郭基鼎回憶，自己那時好驕傲。「啊！原來這就是我們鄒族的文化，鄒族的歌舞。」不論是迎賓舞或豐年祭，郭基鼎都用心學習。

「要努力背啊！要記牢舞步還有歌詞，因為都是第一次接觸，第一次學，怕到時候要上場表演時忘記了，就慘了。」郭基鼎笑著說。當戴上裝飾帝雉羽毛和貝殼的皮帽，穿上大紅色的鮮艷禮服，打上獸皮綁腿，腰刀一掛，覺得一整個人都豪邁英武起來。

學校原住民歌舞大會的表演順利結束了，如雷的掌聲讓郭基鼎陶醉，這是他第一次油然而生身為鄒族子民的榮耀。但沒想到這一切都起於一個籠罩族群近百年的重大誤會，是個一錯再錯的美麗錯誤。

好不容易放暑假，回家了。郭基鼎扛著行李，轉了好幾趟車才回到交通不便的山上。這裡的一切與都市不同，好像跟一個學期前離家時一模一樣，老黑狗還是在部落路上睃巡，嗅聞族人來往的氣味；大冠鷲乘著熱氣流高高的往上盤旋，發出彷彿要刺破藍天的尖銳鳴叫。遠遊學子的懵懂，要一直等到回到部落，有機會得到族中長者指點，才幡然醒轉——

「我回來了，回到故鄉！這是我生長的地方哪！」他摸一摸老黑狗的頭，感受牠日益蒼老的毛髮和鬆弛的皮膚。仰望茂密高拔的菅芒叢在太陽下綠油油的抽長；藍天白雲，天晴氣朗，連風都匍匐在他腳下。青年不禁放聲歌唱自以為的族歌……

「啊——，啊——，啊——」站上山崖，放下行李，對著山谷大聲喊，用盡力氣。他雙手圍在嘴邊，想把聲音傳到最遠，彷彿連五臟六腑都要吐露、都要掏盡，盡情發送他對部落的愛。

「啊——，啊——，啊——」山谷立刻回應他，歡迎山的孩子回家。

知道他今天放暑假回家，媽媽正在廚房裡忙。他忍住興奮的心情到廚房幫忙，和媽媽邊削芋頭邊閒聊。媽媽低頭時，白頭髮就冒了出來，好像黑夜裡藏不住的星星。媽媽真的老了啊！

「我學會了我們鄒族的歌舞哦！」看著媽媽從髮根白起的幾綹半黑半白的頭髮，他終究忍不住分享，故做鎮定的對媽媽說。「媽媽知道應該會很開心吧！」他心想。臉上沒表現出來，內心卻是驕傲的。

「媽！來，我跳給妳看——」他放下削了一半的芋頭，起身。在廚房狹仄的空間中，邊唱邊跳起他學到的鄒族歌舞。

「咦!?」才唱沒幾句，媽媽就皺起了眉頭。

「有什麼不對嗎？」空氣瞬間凍結了。「我唱錯、跳錯了嗎？」

「不對啊！」媽媽直搖頭，神色凝重。「這

△ 年輕人好不容易學會了鄒族歌舞，長輩卻罵說這不是我們的歌舞，歷經認同的混亂與迷惘，如今拉阿魯哇族人不僅找回自己失落的族群名稱，也一步步找回自己的語言、文化，重新跳起自己的歌舞，穿戴族群服飾，回應貝神與祖靈的召喚！

不是我們拉阿魯哇的歌啊，我們也不是這樣跳的！」

皮削了大半的芋頭從矮凳子上滾落，母親略顯艱難的彎身向前撿起，用衣服擦了擦沾上灰塵的芋頭。

「也不放好！」母親輕聲抱怨著。

這一幕，幾乎是許多拉阿魯哇族世代間，在也許不同時間場合，卻都曾經發生過的小小狐疑，也是族群認同啟蒙、傳承的重要時刻的到來。小小的撞擊，像在漫漫長夜中擦亮第一根火柴，照亮拉阿魯哇族世代的臉龐，既蒼老又年輕。

遠方響起一聲輕雷，如滾動的巨石般，雷聲由悶而明，由遠而近，由小而大，由山頭的那一邊很快的壓向部落這個方向來。母親趕緊起身去收拾晾曬在屋外的衣物，留下楞在當場的年輕人，久久不能言語。

3 雨霧迷漫的部落

下雨了！雨水滂沱，毫不留情的往山林傾倒。朗朗晴天一下子烏雲密布，山上的天氣說變就變。年輕人打了一個哆嗦，感覺有點涼意。

看著滾落的芋頭在地上留下的溼濡痕跡，長久以來穩固的認知系統一下被推翻，覺得自己好像那顆芋頭，髒髒的再也擦不乾淨般，只能用水再重新洗過，但洗過的芋頭不會再是原來那顆芋頭了。

「我們不是鄒族，不是南鄒族嗎？」過去一直以為自己和阿里山鄒族一樣，怎麼會變成這樣？「我們是拉阿魯哇族!? 跟鄒族不一樣，為什麼我以前不知道？族中長輩都沒講？」

「如果這不是拉阿魯哇的歌舞，那我們拉阿魯哇的歌舞怎樣唱、怎樣跳？」

「不一樣的歌，不一樣的舞蹈？為什麼大家還是說我們是『鄒』？」

「還是南鄒族本來就和阿里山鄒族不一樣呢？是因為遷移分居太久，各自發展後，才造成彼此的不同嗎？還是我們本來就不一樣？」

「拉阿魯哇不是鄒族？拉阿魯哇是自己一族嗎？」

年輕人心裡頓時冒出許多疑問，但當下又沒敢多問。天上，才消散沒多久的烏雲又重新聚集起來。向晚時分，烏雲籠罩整個部落，幾戶人家升起的炊煙，淡淡的，扭曲的，猶疑的，仍然不斷往上爬升。雨又落下了，持續下著，彷彿要下到世紀末，沒有停止的跡象，整個部落泡在雨水裡，荖濃溪濁流暴漲，轟隆作響，枯枝亂木漂浮卡在湍急的溪流巨石間，飽受無情的衝擊。

大雨一直下到薄暮時分才慢慢停止。雨雖停了，取而代之的是霧嵐纏繞，高山竹雞發出亮亢的鳴叫，此呼彼應，迷霧中聽來倍感淒厲。

下雨天總讓郭基鼎憶起往事，與母親有關的點點滴滴。受訪時，與中國小校園裡，也是類似的雨季午后，談到盡興時，已是傍晚哇鳴時分了。

郭基鼎說，拉阿魯哇族雖以農作為主要經濟活動，但部落耕作並不容易，主食方面，除了稻米，以前有芋頭，後來地瓜、玉米比較多。族人過去種稻，主要是受日本人遷入平埔族教導稻作影響，現在種滿金煌芒果和愛玉的果園其實過去都是引山泉水灌溉的梯田，這一帶以前沿路都是梯田景觀。小米產量低，族人幾乎都不種了。

除了曾陪媽媽參與割稻換工，記得小時侯曾還剝油桐子打工！剝好一桶賣給開雜貨店的漢人老闆，他就給你五塊錢，可是最後還是被他賺回去，因為我們轉手就拿那個錢去買他雜貨店的糖果，哈哈！可惜現在油桐樹也都荒蕪了。

因部落在地謀生不易，早期很多族人一批批被僱到梨山福壽山農場種高冷蔬菜，很多人習慣那邊的生活後就定居不回來了，甚至很多部落年輕人還在那邊工作。我父親外省籍，跟我母親年齡大概相差二十歲。我爸爸林務局退休後，在家裡照顧我，母親就跟著族人一起去梨山工作。

一開始是給人家僱用，後來覺得這生意不錯，我媽媽就自己租地當老闆，帶自己的親戚過去幫忙，我表哥表弟現在都還在那邊做。我媽媽一直做到大概我大學畢業，二十三歲的時侯，才從梨山回來。

那時發生九二一大地震，她種的菜田整個黃掉，黃掉以後再怎麼種，品質都不好。連續兩年一直虧損，甚至把本錢都虧掉了。三四分地而已，光租金一年就要八十萬，現金喔！還要請工人。所以就放棄，回來部落。

憶父母，拉阿魯哇多元認同迷霧

郭基鼎的父親以前在嘉義林區管理處工作，後來被調到靠近部落這邊，才結婚成家，落地生根。母親是拉阿魯哇族（父）與布農族（母）的後代，父親是外省人，郭基鼎的家庭成長環境，與部落裡其他年輕一輩又不太一樣。這也說明了拉阿魯哇族部落生活圈，族群多元的情形。

除了日本殖民時代強把布農族遷移過來，還有從六龜、扇平、寶來一帶淺丘陸續進來的平埔族、漢人，包括採樟的客家人，戰後來開路（南橫公路）的外省老兵，還有像郭基鼎父親這樣的林務局人員等。

進來開路的外省老兵，有的在這裡住下來，現在都已經在天上了。早年有參與採樟的客家人跟部落老人家，有幾位健在，也已經九十多歲高齡了。推動拉阿魯哇族群語言及文化復振的游仁貴老師，生父就是入山採樟的客家人。

家裡一直都講國語。小時候，只知道我們叫「Lailuan」，這是布農族對我們的稱呼，因為他們翻不出「Hla'alua」這個完整的音。但我自己對 Lailuan 這個名詞和它的含義，幾乎完全是陌生的。啊！我們小時候還叫曹族，後來又變成鄒族。可是，叫鄒族，為什麼不住阿里山呢？我內心充滿疑惑。

現在，部落裡布農族人比拉阿魯哇族人多很多，拉阿魯哇族人只會講布農語。但其實，過去這裡完全是拉阿魯哇族的傳統領域，布農族人後來才慢慢進來的。大學時，因為社團那件事，才知道媽媽會講流利的拉阿魯哇族語，還會唱我們的歌。可惜，我的族群認同啟蒙來得太晚了。

郭基鼎母親對族群復振一直非常熱心，捐了塊地給族人，就在美瓏社「索阿紀」（Suaci，美瓏社地名）那邊，作為祭儀場，興建了一座男子集會所；過去身體好時，每次貝神祭也都會參與。

△（右圖）興中國小校長郭基鼎是目前推動拉阿魯哇語言文化復振工作的重要領導人物之一，他父親是外省人，母親是拉阿魯哇（父）與布農族（母）的血統，身上即反映拉阿魯哇族群多元混雜的情形。他的妻子來自阿美族（圖左），也是興中國小教師，夫妻牽手同心為復振拉阿魯哇文化努力不懈，並積極參與部落裡的各項祭典（左圖）！

如今父母親相繼過世，郭基鼎努力在部落強勢的布農及漢人文化包圍中開闖族群語言文化復振之路，備極艱辛，母親始終是他重要的力量來源。而特殊的成長背景，讓他充分體認接納文化多元混雜的現狀，也有助於他走出血統主義的束縛，以加法方式拓展推廣拉阿魯哇文化。

窗外夜色正濃，但霧氣已開始消散，接著月亮從雲中探出頭，照亮了部落。興奮的蛙鳴一時間此起彼落！

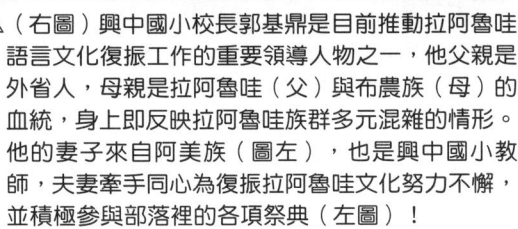

是的，孩子們如果從小就可在部落生活中自然習得自己的語言文化，就不用再像郭基鼎、陳思凱那樣，必須從疑惑出發，幾經挫折，才能豁然開朗；而獲得的意外答案，雖如獲至寶，却來得太遲。

「真的不一樣耶！跟我學的完全不一樣。」看到長輩示範的歌舞，年輕人既困惑又興奮。「那為什麼我們拉阿魯哇會被歸類為『鄒族』的一支呢？」年輕人歪著頭問。

「我們也不曉得啊？從沒聽過鄒族唱歌跳舞！不知道不一樣啊。」長輩回答。這樣的情況，希望以後永遠不會再發生了！

短暫破雲的一輪圓月，再度隱入雲翳中。有人經過屋外草地，蛙鳴因受驚而停止鳴叫。迷霧將散未散，似散非散，海拔一千四百公尺的藤苞山遠望仍雲霧繚繞，輪廓模糊。當年郭基鼎如何撥開迷霧，燭照自身……年輕的他還有很長一段路要走。

4 覺醒與投身

像郭基鼎這樣曾經經歷認同迷亂的情形，並非特例。部落中許多年輕人都有類似經歷，特別是一旦與外界接觸，就會不知道如何標定自身。老一輩雖然仍保留用 Hla'alua（拉阿魯哇）來自稱，少部分仍可以拉阿魯哇語交談，但耆老凋零，母語及文化斷層的危機明顯。

郭基鼎覺醒的契機同樣也是部落青年或多或少曾經歷的機會，只是多數人把這個浮現的念頭或懸念暫時擱著或壓到學業及生活的底層下去了。但郭基鼎念念不忘母親的叮嚀：「我們是拉阿魯哇！」

一開始面對拉阿魯哇人口式微、語言流失、文化不振等等現象，郭基鼎坦言，不只耆老憂慮，族中有心人士也深覺危機。拉阿魯哇人在塔蠟給社因為交通不便及環境不佳等因素廢社後，目前僅存排剪社、美瓏社、雁爾社，以及部分移居那瑪夏區雅瑪里的族人（稱「那爾瓦社」Na'ʉvuana），共四個社。

拉阿魯哇各社原有二十一個「家氏族」，排剪社九個、美瓏社四個、雁爾社四個、那爾瓦四個，但現存十七個，有些氏族已因後繼無人而消失，全族人口總數約四百餘人，常住部落者僅約兩百餘人，令人唏噓。

無力感並沒有擊退郭基鼎，他選擇回到部落深耕，善用教職工作優勢，因勢利導推動族群教育志業。後來，郭基鼎一路從國小教師、主任、做到校長，並在進入台東大學南島文化研究所攻讀碩士學位時，以「Hla'alua 人的社會生活、文化認同與族群意識：以桃源鄉高中村為例」（二〇〇八年）為主題，從學術的觀點研究自己的族群文化，並義無反顧的長年投入拉阿魯哇文化復振及語言巢計畫，以族群為志業，用自身腳印，引領族人，努力為拉阿魯哇文化走出一條清晰寬廣的路。

在郭基鼎用心下，拉阿魯哇得以從幼兒園及國小教育起，重新建構並穩固母語及文化基礎，這是拉阿魯哇能立於不敗之地的原因之一。郭基鼎扮演族群教育決策及推手的重要角色迄今，這恐怕是當年那個初識族群意識的大學生所始料未及的。

文化復振，除了族群語言，還要找回傳統祭典。拉阿魯哇族的傳統祭儀分為三種：宗教祭儀、歲時祭儀及氏族祭儀。「宗教祭儀」就是聖貝祭，全體族人要共同參與；「歲時祭儀」有小米祭儀、稻作祭儀，視其耕作階段進行不同的祈福儀式；另有「氏族祭儀」，即捕魚祭，由負責共管各溪河流域的氏族自主舉行。

拉阿魯哇各祭典中，郭基鼎認為聖貝祭最富特色，透過聖貝物的真實化 (realization) 之再現與展演過程，可完整體現拉阿魯哇族的人、物、社會與文化的複雜關係。

而且拉阿魯哇是台灣原住民中唯一以貝殼為神的族群，源自貝神的各種神話、傳說、故事充滿神秘色彩，張力十足，足以代表桃源區，成為當地獨有的文化特色，並結合當地桃、李、梅等經濟作物的產銷推廣，將地方產業與文化融合，發展為當地文化創意產業。①

5 遺憾：貝神再現，但貝殼無蹤

雖然現實面，象徵貝神的貝殼，其「實體」已淹沒於歷史洪流中，這是族人心中共同的傷痛與遺憾，但族人仍非無可著力之處。看看排灣族以古老琉璃珠代代傳承，並逐步發展出現代琉璃珠手工藝的文創產業，為族人帶來文化上的榮耀與部落經濟的富裕。未來，拉阿魯哇族也有機會以獨特貝殼崇拜文化，做為發展文創及文化觀光產業的資源。

「貝殼」古文物不見了，而且找不回來，祭典中只能使用替代品——外形類似的山蝸牛殼。雖然只是象徵，但終究有種不太踏實、或說有點不符期待的感受。蝸牛殼畢竟太普通了，沒有祭典所需的神聖性。

尤其是拉阿魯哇族正名後，以其獨特的聖貝祭為號召，並公開對外舉行祭典儀式，使得過去披上神祕面紗的貝神，不得不攤在陽光下，接受外界好奇的注目。當聖貝拋灑而出，廣場上眾目睽睽，蝸牛殼直接滾到觀光客腳下，貝殼被迫拋頭露面，甚至吸引遊客參與搶拾，是否會因實物竟是再平常不過的蝸牛殼而減損其神聖性。對擁有堅定貝神信仰的拉阿魯哇族人而言，這或許不是問題，但對外界而言，則不無疑問。

筆者調查採訪期間，訪談多位族人及查閱相關資料，發現幾種說法，一是「貝殼」古文物在日治時期被日本人以迷信為由丟進荖濃溪裡，不見了；二是美瓏社頭目鄧光華因改信基督教，將貝殼交由巫師祭拜，藏於樹頭，後人遍尋不著；三是一九九三年於國家劇院舉辦聖貝祭儀式前夕，貝神在族人「Takiarʉ」的聲聲呼喚下回來了，但只有幾顆，並非全數；四是最後持有古老貝殼的美瓏社巫師鄧教的後代遭蒙不幸，為此將貝殼攜出部落，不敢持有，最後祭祀在雲林某處宮廟中，目前已不知下落。

△游仁貴長老主持聖貝薦酒儀式，惜聖貝古物已湮沒。

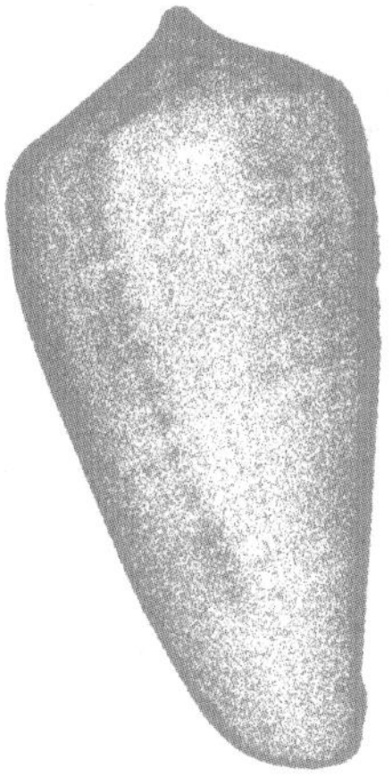

△貝神示意圖。

聖貝失蹤，尋找替代品

根據公視「行走 TIT 第十六集：呼喚貝神」②的影像資料顯示，主持人訪問南華大學明立國教授，得知一九九三年時只回來頭、尾兩顆貝殼。

當年，明立國過溪訪問鄧教（巫師），拍下照片，留下珍貴的影像紀錄。照片中，一大一小兩顆貝殼，呈長圓錐形，與「芋螺科」海螺外形相似，尺寸為可以一手抓握數顆的大小，外表呈乳白色，表面分布些許黑褐斑點，似為原有花紋因長期握持撫觸致表面磨損，呈現凝玉般的溫潤質感；大顆的有裂紋，尾部缺損，可能是進行祭典拋灑動作，觸地造成。

一九九三年為北上演出，族人先在部落排練，演出前夕，卻突然告知明立國，「我們可能不能去台北了！」節目單排好、房間也訂了，卻說不能來，急得明立國跳腳，一問之下才知道，Takiarʉ 只回來兩顆，族人說：「我們要跟祂對話，看發生什麼事，能不能去不知道……」。族人擔心貝神回來的數目不多，是否代表這個神聖的祭典不能隨便公開演出。

主持人抱著期待心情參加隔天舉行的貝神祭，心想終於可以一睹貝神廬山真面目，可惜他的期待落空了！好不容易等到聖貝薦酒儀式，只見游長老從竹筒取出浸在酒中的貝殼，準備進行拋灑動作——「我眼睛一直盯著主祭手中的寶物，好奇又興奮的期待貝神的出現，在主祭的拋灑下，突然——」。

畫面先以慢動作呈現貝殼拋灑而出的情形，再定格於貝殼落地，族中男性群起奔搶的剎那。主持人以一句「我沉默了——我突然感到失落——」來表達他失望的心情，因為他看到的貝神竟是蝸牛殼。

關於使用蝸牛殼，郭基鼎表示，那是游長老努力找來外觀類似的貝類來代替，並非一般人認知

小詞典

聖貝

《番族慣習調查報告書》記載，主祭家中藏有自古傳下來的寶物，直徑大約五公分的貝殼，有白、黑、紅三種，各社所藏數量不一，雁爾社有六個、排剪社有十八個、美瓏社有十七至十八個（有時會變成二十個）。各社持有的貝殼中有一個有孔，稱為Takiarʉ，頭目會將其穿以白線以示區別。這些貝殼都會像蟲一樣蠕動，所以很難明確的計算總數，數目也會因年代而有些不同。因祖靈寄宿於貝殼中，故族人小心保存，每年祭祀，供以酒肉。各族主祭家中都挖有一個直徑及深度約一尺的洞，將貝殼放在小壺裡，再收藏於該洞中。③

中那種路邊常見的非洲大蝸牛。

雖是象徵大於實質意義，但筆者訪問時，即有部落族人提出建議，包括使用貝殼工藝品來代替，例如以木頭雕刻，模仿古老貝殼造型，比較具有藝術性；游長老則提出使用橡膠貝殼模型的看法，認為可重覆使用，也不容易在拋灑搶拾儀式中摔破或被踩碎。或許重新尋求自然物，以形體近似的現有貝殼，具有古意的珍貴海洋貝殼來代替，也是可行之道。

因為不論使用哪種陸地蝸牛，都太平常了點，既不符合貝神的古老性與神聖性，也無法呼應拉阿魯哇源流傳說中與海洋最有關的「Hla'alua 人之祖先曾居住於台南市安平古堡附近的樹林，因荷蘭人入侵而往新化一帶遷移，後再遷徙至下淡水溪（高屏溪）屏東平原一帶。但因不敵當地平埔族（西拉雅族馬卡道群），遂轉往里港或旗山方向而至美濃（原名「彌濃」，係源自 Hla'alua 美瓏社），最後循荖濃溪流域抵現居地」之說法。④

此外，年輕人也不贊成把蝸牛殼塗成紅色的作法（因傳說「聖貝薦酒」後，貝殼會變成紅色），建議改採其他方式，讓儀式更自然些。由於涉及神話與禁忌，未來如何形塑、善用及活用聖貝祭的寶物——貝殼，都必須經族人討論，獲得共識後才能進行。但從文化建構的角度而言，貝神不可思議的魅力，拉阿魯哇族人可以善用、發揮的空間還很大。

①引自郭基鼎碩士論文，《Hla'alua 人的社會生活、文化認同與族群意識：以桃源鄉高中村為例》（2008 年），頁 131-132。
②以下引文，詳見公共電視，「行走 TIT 第十六集：呼喚貝神」，https://youtu.be/motg6t9zH2I。
③參見小島由道，《番族慣習調查報告書》第四卷—鄒族（1918），中研院民族所編譯，2001。
④賴建戎，《台灣南鄒 Hla'alua 族社會文化之研究—以高雄縣桃源鄉為例》（台南：台南大學台灣文化所），引自郭基鼎碩士論文，《Hla'alua 人的社會生活、文化認同與族群意識：以桃源鄉高中村為例》（2008 年），頁 76。

三貝：迷霧中的身世

少年回頭一望，那人已消失在山路彎曲的地方。後來，他才知道那個男人的名字，也叫「父親！」

1 樟與瘴之地

森林中瀰漫著強烈的氣息，那是太陽、汗水，摻雜混合死亡與恐懼的味道。地上橫躺巨大的屍體，說是巨大恐怕還難以形容，整整十幾個人或站或蹲在它身上、體內，仍可猶有餘裕的錯身行走。

這是棵參天聳立的芳樟樹，已經很久沒尋著這麼龐然雄偉的巨物了。腦丁們異常興奮。拿起板鋸、手斧，蜂湧而上。

「小心！」

當樹轟然倒下時，腦長出聲提醒大家。大樹摧枯拉朽般壓倒旁邊的小樹，開出一條綠色汁液的河流，樟氣的芳香好像被榨出來了般，一下子揮發散開，濃郁異常。這是死亡的味道，也是生命的味道，是以樟樹死亡的代價所換來的生活與生命。

這次上山由腦長親自帶隊，從六龜、檨仔腳、寶來、囉囉埔，一路沿著濃溪河谷往上，進入五、六百公尺以上的原始森林。在平埔族人引路下，果然找到一大片樟樹林。

在靠溪谷下方路口處搭好腦寮、土灶後，伐樟、運樟、焗腦作業持續展開。一個多月來，腦丁們幾乎沒有休息，採買補給作業也委請平埔族人協助，在米糧油鹽不虞匱乏的情況下，樟樹一棵棵倒下，灶火煙霧繚繞，油水沸騰蒸餾，腦灶日夜飄散，森林遠近彷彿籠罩在忙碌蓬勃的開發景象中。

倒下的這棵巨樟，腦長研判已有兩百年以上樹齡，劏下的樹匕可以裝滿六百多個麻布袋，熬煉出至少五十桶樟腦油，到高雄旗山買棟房絕對沒問題。

木屑噴濺，鋒子起落，腦丁們蹲坐在巨木裡不斷使勁下鏟、刨削木片。才幾天光景，這棵巨木已快被挖空了，剩下的空殼宛如一般大船，航行在亞熱帶森林的海洋裡，船上載滿了正將它碎屍萬段的人。

這些人大都是從桃竹苗來的客家人，往六龜、甲仙山裡討生活。逐樟而居，伐木丁丁的生活，一旦安靜下來也有徬徨不安的片刻。

船未沉，有人跳船了，森林吞噬了他們。已經有兩個人失蹤了，昨天還坐在身旁刨削樹匕或燒柴熬腦的，今天就憑空不見了。草長木盛，謠諑紛傳，深不見底的黑暗森林裡什麼事都可能發生。

先是有人發現了野獸的爪痕和血跡。腦長說，離採伐處不遠的幾棵樟樹幹上，確實有野獸攀爬和揮掌留下的爪印，但沒什麼血跡，要大家不要害怕、亂傳，只是豹子而已。腦丁們不信，他們擔心有黑熊。

腦長再度召集大家，野生的雲豹和黑熊都會怕人，只要大家集結行動，不要走散或單獨行動，牠們就會離得遠遠的。深山裡，野豬山雞儘夠牠們吃的了，不會吃人的，大家放心、安心工作。

隔沒幾天，一具屍體浮了上來。深山大潭，密密麻麻的魚群傍著咬，臉都爛了。原還以為是獸屍，竹竿推到過岸一看，是人，先前不見的腦丁之一。大家慌了……

是自己不小心掉下去的嗎？貪涼下水溺死的嗎？被推下水的、還是水鬼抓交替？腦丁們彼此提醒不要落單，夜裡上廁所，千萬不要入林、靠水，免得被拖進去。但又有人失蹤了，無聲無息的不見了。

「是魔神仔作怪！」挑腦沙腦油下山，從六龜回來的腦丁說，甲仙那邊的情形好像更嚴重，聽說連內地人（日本人）都怕得逃走了。

2 魔神仔和「生蕃」

為趕走出沒荒山野嶺的魔神仔，找回失蹤的腦丁，入夜後，腦長召集所有人，點燃芒草束，沿著山路敲鑼打鼓，漫山遍野的走，嘴裡大聲呼叫走失的腦丁姓名。綿延的火把在黑暗的山上燒出之字形，因為害怕，大家愈發用力敲、高聲喊，但黑夜和山林彷彿巨大的吸音棉般，很快的把所有聲音和火光都吞食了，連同顫抖的星月一起。夜，只剩無窮無盡的黑。

「是生蕃出草啦！」見大家擔驚受怕，無心工作，無計可施的腦長假意向大家和盤托出：「甲仙那邊一個腦丁越過警備線（隘勇線）尋找樟樹時，被生蕃殺害了！內地人都還在，警力增援，保護措施已經加強了，我們這邊有槍有人，大家待在警備線內，不用怕！」他希望以偶發個案來打消腦丁們的不安。

沒料到這一來，腦丁們更加惶惶不可終日，大家擔心腦袋搬家，有人拒絕再上山採伐，終日窩在腦寮裡，寧可做熬腦、出炊、搬運的苦力；有人已經嚇得魂飛魄散，做一天休兩天，七魄三魂在森林裡迷了路回不來，到最後整個人茫茫渺渺，忽冷忽熱，渾身癱軟無力，根本無法工作。

這天，一位年輕腦丁走進森林。他自詡身強體壯，天不怕地不怕；為了多掙點錢回老家，即使只剩他一個人，也照常上工。

他珍惜的摸了摸口袋裡烙印「台灣總督府專賣局．六龜出張所」字跡的腦丁牌，拿起鋒子和麻布袋，離開蒸氣冒騰的樟腦寮，毫不猶豫的大步入山採樟。

他是有理由自豪的，他刨出的樹匕（樟木片），

△游仁貴長老親提豬頭為夏日學校開幕祈福，日治時期六龜往上山區發展樟腦事業，召募許多客家人入山採樟，游長老的生父即是其中之一，並在山林裡留了下來。

△火塘裡燒得正熾的是千百年來不變的拉阿魯哇傳奇。

薄長而不斷，細捲如紙花，幾可透光，在日本人舉辦的樟樹剷匕比賽中脫穎而出，獲得獎賞。這次跟著鄉親南下，原本意氣風發，沒想到因為一些意外，大家竟變得怯懦畏苗。

「應該先拜伯公（土地公）的！」他心裡叨念著。客家人敬天敬神，每到一處開墾，定要祭拜土地公，再簡陋也要立塊石頭做為香位，求得平安順利。

「入山卻不拜山神，是遭殃的原因。」他內心立下論斷。

但他不知道的是，連有官方布署警力的上寶來駐在所也已三番兩次遭受布農族（施武郡）原住民攻擊，造成多人死傷。製腦政策鯨吞蠶食原住民傳統領域，惹惱了向來較之「北蕃」溫順的「南蕃」，荖濃溪上游沿岸「蕃情」極為不穩。腦長隱瞞了這個重大事實，希望保住他十幾座腦灶，所以只以「出草」簡單帶過。

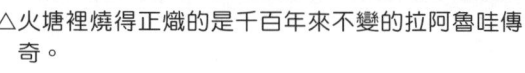

3 拉阿魯哇相遇來「客」

經過僅剩殘骸的那棵巨大芳樟，他決定再往上游走，過河，到茬濃溪左岸。他記得上次和腦長上山尋找樟木，露宿過夜時，隔天早上透過山谷晨霧，遠遠望見對岸一大片原始樹林，蒼蒼莽莽。原本想一探究竟的，但因已超越警戒線，腦長又趕著下山申請採樟作業而作罷。

「一定有更大片野生樟樹林在那裡，更多樟樹油，說不定是本樟！」他打定主意，重新繫緊綁腿，緩慢安穩的以腳踩石過河。

附著青苔的溪石滑腳，他謹慎前行，溪水慢慢往上浸溼他身體，盛夏時節猶冷冽超乎他的想像。水深及腰時，他看見悠游的魚群遠遠地避他而去。他聞到自己身上的汗臭味——真想好好的泡個涼啊！

寬一兩百米的河床，入夏以來，在雨季餵養下，水體一日日肥潤，他走得慢了，竟感覺對岸迢遙，溪水彷彿沒有盡頭。

「該往上尋另一段較窄的河段過河的！」他這麼想。

湍急的溪水快漫過他肩膀時，他把裝有鋒子、板鋸和磨刀石的布袋舉高。溪水清澈無底，就在眼下，映照藍天白雲，微風拂來，他閉上眼睛，身心感到無比舒暢。有那麼一刻，他真想拋下一切，潛泳幾回。

突然，腦門轟然一聲，他嚇了一大跳！

他中箭了。咻的一聲！一支箭扎扎實實正中他頭上，尾勢大得帶他往後傾。

心頭一驚，腳底一滑，他整個人重心不穩，雖試圖調整平衡，但終究倒栽入水裡。他聽到噗通一聲，感覺好像是別人掉進水裡，而不是自己；等到口鼻嗆水，水四面八方的淹沒他，想帶走他，這才警醒過來——

「遇襲了！生蕃出草，這下完了……」

倒入水裡的那一剎那，他望見對岸一抹鮮紅美麗的身影，羽飾、佩刀搖晃，朝他奔跑過來。

他努力掙扎，下意識死命抓緊麻布袋不肯放。不能放，這裡頭裝著生財工具——不，是生命所繫。人可以淹死，工具不能流失。沒有雙手划動，他更沉了。

他不會游泳，為什麼小時候不肯學游泳，大人都怕水，小孩只能偷偷玩水，該怪父母嗎？還是怪總拿根竹子，傴僂如蝦，大老遠厲罵著，迤迤奔向河岸趕小孩的祖母呢？怪自己吧！為什麼離開故鄉，跑到這蠻荒山林，家鄉多美好，留在家鄉就好了。所有懊悔都來不及了。

完了！再見、新竹太平老家父母眉頭深鎖的皺紋，再見，穿著潔白衣衫的少女的微笑，再見、樟樹林蒼翠如玉閃閃發光的幸福，再見了、一切的一切。

嗆喝了好幾口水，再大口大口的喝。把水喝乾了，自己就得救了吧。事後回憶，他總告訴兒孫，那水清涼無比，意外的甘甜，比甘蔗汁還甜哪。

水裡一陣翻騰旋轉，水流迅速把他往下游帶，暗石磕碰他的四肢，他腳踩不到底，頭昏眼花。覺得自己正往下沉到底時，彷彿有股力量把他往上拉。是的，有人提著他的後領，把他拉出水面，拖到溪岸淺灘處。

醒轉過來時，眼睛一睜開，他看見一個背光的黑色臉龐。從模糊逐漸清晰，那人正咧著嘴笑。

神奇的箭，開啟奧妙機緣

是個生蕃，他害怕極了，想起身逃跑，卻渾身癱軟無力。陽光從那人頭頂的方向照下，逆光仰望下，那人體形魁梧，身臉暗黑，只有頭上羽飾剪影的形狀突出，像利箭——啊！他下意識摸摸自己的頭。

沒箭？不痛、也沒流血，到底怎麼回事。惶惑不解間，那人蹲了下來；他本能的後縮，背抵住菅芒叢，刺痛了他。

他「啊」的大叫。那人笑了，確實是笑了，大咧開嘴的笑，他看得一清二楚，牙齒和舌頭根部的咽喉，笑聲從那裡出來，像出谷的溫暖氣息；還聞到那人散發一股濃郁的味道。後來，他才知道，原來那是日頭曬暖身體混雜山豬野草和山羌泥土的味道，還有檳榔汁，聞過一次一輩子再也難忘。

他坐起身來。那人提著一個麻布袋，水淋淋的滴落，中間穿過一支箭。那人指了指他的頭，再比了比射穿布袋的箭，露出赭紅色的門牙，衝著他笑，噴出檳榔結實的口氣。不知怎的，他也笑了，不怕了。只要再往下一吋，他就沒命了！但這人沒有傷害他的意思，他保住了腦袋；對於自己先前嚇到屁滾尿流的糗態，不禁莞爾！

拔出箭，交還布袋。那生蕃咿咿哇哇的對他說話，用力指向對岸，並作出拔刀、射箭的手勢。他聽不懂那人在講什麼，但卻能了解他的意思。那人要他過河，回去屬於他自己的地方，不要再過來了。他心裡頭答應了。雖然沒出聲，說不出口，就算說出口也只是自己的客家腔，那人也聽不懂的。但他點了點頭。

那人指給他一段窄淺的河岸。雙腿顫慄，抱著布袋，他半爬慢走的，溪石累累，每一顆都是難關。最後他勇敢的站了起來，大步向前。

過河後，遠遠回望對岸，只見那人在鵝卵石錯落河灘後茂盛的芒草叢中，扛起一隻獵獲的山羌，消失在草叢中。

許多年後，當他把自己的兒子許給那莽莽山林中的部落時，他才知道原來這天外飛來的一箭，是神奇的一箭，它留下自己寶貴的性命，卻射中心靈深處，開啟了一個奧妙機緣。而他不知道的是，這機緣往後將牽動扭轉一個族群的命運。

走出草叢，站上河坡高地，他對已不見身影的那人許下承諾，絕不再越界過河一步。因此，當大正四年、五年，六龜一帶警備線兩度往山區推進，越過荖濃溪左岸，深入今天茂林、桃源地區，腦寮遍布、警丁電網林立，大大割裂限縮原住民生活領域時，他也始終沒有動過心，因為那片美好的蒼翠樟林已經永恆的生長在他心裡，任誰也砍不倒、刨不掉。

△過去曾有滿山遍野的樟樹，如今祭儀場守護貝神山林。

六龜越發水深火熱，失魂落魄的腦丁越來越多。腦長親自跑一趟蕃薯寮，請來一位道行高深的法師，手持七星寶劍和羅盤，四處踏巡，說是一個無頭厲鬼在作祟。他設案焚香，驅邪鎮煞，每間腦寮裡裡外外都淨過了，連腦丁和工人們睡覺的地方也都施法唸咒，貼滿符籙。臨走前，還化了符水，交待讓輾轉病榻的人都喝了，魂魄自然歸位，人就精神了。

自此後，每日腦寮開工第一件事就是集合到神壇前，大家齊拜山神，連臥床呻吟的都得扶起床，拜完再回去躺。但這麼虔誠敬奉，情況非但沒有改善，還越來越糟。

「是天狗熱！」六龜出張所消息傳來，謎底揭曉，是蚊子叮咬傳染的。腦長比對腦丁症狀，間歇性的顫慄、發燒、冒冷汗、關節痛、嘔吐、抽搐等，證實這個結論。但他沒有解藥，還隱瞞了這個消息，只是命人早晚點燃艾草、香茅，滿屋燻煙驅蚊，連伐樟的地方也一樣，濃煙嗆得人流淚、咳嗽。這拖延之計，使得染病的人急遽增加，最終造成採腦生產力的崩解。而甲仙那邊早就因嚴重的瘧疾和「蕃害」，死了好多日本移民，即使簽了合約的腦丁、腦長也都嚇得逃之夭夭了。

4 生豬頭的祝福

提著顆生豬頭，游仁貴（Amalanamahlʉ Salapuana）走進高雄市桃源區興中國小。這是拉阿魯哇族正名後的第二年。

他穿著印有「拉阿魯哇族」及族群圖案的紅色背心，在滿堂歡樂的學童笑聲中，參與在國小禮堂舉辦的二〇一六拉阿魯哇暑期族語學校。藉由夏令營模式的動態學習與交流，讓不論在原鄉或都市的拉阿魯哇族小朋友都能有一年一次的聚會機會，增進彼此情感，以及學習母語及族群文化的機會。特別是，對平時跟父母住在平地、市區的學童而言，更能回到部落文化的懷抱，認識部落、認同拉阿魯哇。

拉阿魯哇夏日族語學校開學典禮前，山上孩子如脫韁野馬，禮堂裡奔來跑去，翻騰歡鬧的氣氛滿漲，快把屋頂掀了。拉阿魯哇文化的種子重新播下，掙破種皮的幼芽群，正活力十足的迎向朝陽與未來。而游仁貴長老正是傳承、播種拉阿魯哇語言文化給下一代的重要推手之一，如部落早晨和煦的陽光微風，斜進這個大教室，照拂守護這些幼苗。如果少了他，拉阿魯哇族的文化復振之路，很難想像。

游仁貴向台下的學童們講解拉阿魯哇族的祭典，一邊有人幫他提著豬頭，真正的豬頭，殺豬後剔光毛的生豬頭，顏色慘白。把豬頭帶進教室，這樣的畫面對都市裡的學童而言可能很難想像，但對小拉阿魯哇而言卻再自然不過，因為這是他們的文化。每年聖貝祭，刺豬、獻豬給Hlalangʉ 'Ihlicu（驅魔神），是儀式之一，祭典後豬肉的分享更是族人密不可分的情感連繫。

開幕式，提來豬頭，代表游仁貴對這項活動的重視，宛如祭典般神聖。

「豬頭是拉阿魯哇獵人的『便當』。」游仁貴以國語告訴小朋友。

「上山打獵時，肚子餓了，可以割豬頭肉下來吃。」他向學童說明。這種生活經驗累積的智慧不見於教科書，也不是族語教學可以學到的。

雖然還無法完全以族語上課，但在一些重要的字詞上，小朋友已能熟知並熟用拉阿魯哇語了。短短幾年就能有這樣的成果，游長老相當欣慰。

上完課，提著豬頭回家，游長老一路露出笑容。從興中國小出來，第一個叉路口左轉走到底，就是游長老的家，院子地上還有些豬隻宰殺後未收拾乾淨的碎肉和血跡，蒼蠅嗡嗡的沾黏圍繞。一隻三色花貓和老黃狗歡迎他和訪客（筆者）回家，看似靦腆的游長老，話匣子一打開就停不了。

5 藥草的味道

小時候，游仁貴身體很不好，常常生病。父母親很擔心，常熬藥草給他喝。藥草很苦，小孩子被逼著喝，所以記得很清楚。其實這藥草是住附近另一戶人家送來的。游仁貴家住高中村第二到五鄰這區，那戶人家住在下去一點的第一鄰那裡，有點距離，但同屬拉阿魯哇排剪社（或稱「白箭」）聚落。

那家男主人頗懂得藥草之方，有時候夫婦會親自送藥草上來，告訴他們怎麼抓煎藥草；閒聊之餘，對游仁貴特別噓寒問暖。游仁貴對夫婦倆有一股說不上來莫名的親切感，很期待對方到來。

「他們要搬到山下去了，我們去送他們一程！」

有天大清早，父親帶著游仁貴出門，到那戶人家那裡。沒進門就聞到濃濃的藥草味，以前幾次陪父親來時，屋前曝曬的各種藥草已不見了，但味道猶自飄散。一家子八、九個人忙進忙出，收拾整理家當，搬上牛車，父親也上前幫忙。那家人之間講著一種游仁貴聽不懂的語言，腔調柔軟綿密，感覺陌生卻不違和。

臨走前，那人把一大袋藥草送給游仁貴父親，夫婦兩上前摸了摸他的頭，還緊緊抱著他。游仁貴看到女主人別過頭時，偷偷擦眼淚。

那天早上的霧很大，山上天氣很冷。大約是冬季吧！走在山路上時，路邊高大的楓香樹，樹葉凍得通紅，有一半被攏在霧裡，露水一直滴，把土粉路都滴出漥洞了，草葉上也滿是溼意，有的還結霜、有的已化為露珠。這些感受與記憶都拂過、滲入他的腳底板，升上心頭，濡染了他的童年。

露珠滴進他衣領裡頸子上。好冷！他不禁打了個寒顫。滿牛車家當，舉步維艱的，一家子緩緩進入濃霧中。幾度回頭，最後終於消失在山路轉彎的地方。

心裡頭好像缺了一塊什麼，游仁貴悵然若失。

他們搬下山，到寶來那邊住，以後就沒那麼方便往來了，心裡因此捨不得，游仁貴原是這樣想的。長大懂事後，他才知道原來那是他的原生家庭，夫婦倆是他的親生父母，他們的眾多子女是他的兄弟姐妹。

「從我懂事開始，我就知道自己是漢人。是父母親告訴我的，他們並沒有隱瞞。因為一開始住得近，雙方家庭也有往來。」

游仁貴回憶：「我剛出生三個月就被領養了，我養父是拉阿魯哇族排剪社，名叫游元，我的原生家庭是客家人。」養母姓石，也是拉阿魯哇，游仁貴跟了被石家招贅的父親的姓。因從小生活在雙親都是拉阿魯哇的家庭，游仁貴得以在充滿拉阿魯哇文化的環境中學習成長，這是他日後成為復振族群母語文化靈魂人物的關鍵。

因幼時體弱多病，游仁貴與原生家庭的密切關係，除了切不斷的父子親情，還建立在漢方草藥的醫病關係上。其實，認真追溯起來，日治時期大批客家人在日本人召募下，進入六龜以北山區的原住民傳統領域，冒險參與採樟焗腦專賣事業時，就已種下雙方家族及族群的深遠關係。

游仁貴依稀記得生父早年從事的正是腦丁的工作。而日本人和漢人的採樟製腦工作，從六龜進入山區，不斷擴大勢力圍。初期雖曾備受瘧疾和「蕃害」打擊而一度暫歇，但最終仍在六龜扇平金雞納造林成功和警力電網的優勢下，沿著荖濃溪河谷深入上游，從右岸到左岸，一路北上開山伐木採樟，一區採完換另一區，逐樟林而居，最後抵達現在的樟山、梅山一帶。

從日治到戰後，許多客家漢人在樟木資源砍伐殆盡後下山離去，但也有不少客家人留了下來，在山上討生活及養育兒女。游仁貴生父就是南台灣最後一批腦丁之一，他選擇留在山林，和布農族及當時稱為南鄒族人的拉阿魯哇族一起生活。生父家食指浩繁，共育有五男四女，生活艱困。而游元只有一個小孩（女），因此兩家協商後，讓游家領養了游仁貴，那是民國三十七年（一九四八年）的事。

當時部落已呈現布農、南鄒等原住民，以及平埔、客家、福佬等漢人多元雜處的情形，族群間相處和諧，因此異族間通婚，甚至布農、南鄒原住民領養平埔或漢人子女的情形雖然罕見，但也不是沒有先例。這是父系繼承為主的布農、南鄒原住民家庭，沒有生男情況下延續子嗣的方法。

6 深於血液的認同

以客家漢人血統，而能成為後來復振拉阿魯哇文化的重要靈魂人物之一，游元養子游仁貴的身分認同，格外具有指標性作用。它說明了，在原住民文化復振及建構之路上，除了血統之外，文化認同的重要性更高，而且能超越血緣關係。也就是，有血緣關係的不一定認同，而沒有血緣關係，卻反而有機會擴大、深化文化認同。

客家人成為拉阿魯哇養子，長大成人後，回過頭來反哺回饋，以拉阿魯哇的一份子為傲，帶領族人重新找回自己的母語與族群文化的根，游仁貴可說打破了傳統認同的血緣侷限，足供我們深刻反省並思考，如何以多元加法而非純化減法的方式來推廣原住民文化。

當然，游仁貴能成為復振拉阿魯哇文化的重要推手，還是得歸功於其父母從小提供他充足的族群文化養份，讓他成長、生活並沉浸在拉阿魯哇族的語言、文化中，他才有能力在族群母語及文化式微的關鍵時刻挺身而出，扮演拉阿魯哇族語言文化活字典及孜孜不倦的教育實踐者的角色。

提起游仁貴，大家都只注意並稱讚他拉阿魯哇認同的這一部分。但其實，他對自己的客家血緣並沒有刻意迴避或避而不提。他並不害怕自己的客家血統會造成他人（特別是拉阿魯哇族人）對他拉阿魯哇認同的質疑不信或閒言冷語。

採訪時，游仁貴坦然告訴筆者，大約國小畢業懂事以後，就知道自己是被收養的客家人。但因為兩家有往來，所以一開始並沒有特別強烈的失落感。

「沒有特別的感覺，也沒有失落感，因為還小不知道。但再大一點的時候，也不是沒想過，為什麼生父那邊要把我送給別人。」這是一般養子女面對原生家庭時，很自然的心理現象。

「因為家裡很貧窮，我從興中國小畢業後就沒再繼續念書了。當時，鄉農會推廣部落種植油桐、豆薯、玉米、紅豆，我父親就在山上種這些。我後來接手他的農務，和媽媽一起上山工作。」

游仁貴養父過世得早，他很早就得撐起家庭大計，融入部落經濟生活中。

不過，游仁貴並沒有切斷他和原生家庭的關係。養父過世後，他仍和原生家庭有往來。但他並沒有想回去原生家庭，只是一直保持連繫和互動，直到現在。

「我生父原住在高中村第一鄰，四、五年後才搬下山到寶來住，我們就離得比較遠了。那時約民國四十年。後來，他們再搬到建山妙通寺下面，一直住在哪裡，直到九十八歲過世。我二哥也住在建山，十年前去世了，現在我二嫂還在妙通寺前面擺攤賣水果。我大哥住台南，三哥也過世了，三嫂搬回娘家。我排行老四。婚喪喜慶，大家會互相通知，最近二嫂還送來女兒結婚的喜餅。」原生家族動態，游仁貴如數家珍。

問他會不會說客家話。

「客家話，我有的聽得懂，但不太會說，很久沒聽老人家講了，都忘了。反而是自己客家話比較不……哈哈……」游仁貴尷尬的笑。

認同拉阿魯哇，但依然維持客家親情。游仁貴自然的接受這種安排，毫不造作。

7 鐵厝：與時間競賽的戰場

游仁貴住家頂樓的鐵皮屋，要從屋外陡峭的鐵製扶梯爬上去。老人家腳步敏捷，我隨他身後，顫顫巍巍的勉強爬上。簡陋的屋裡雜亂堆置很多東西，竹編鐵骨躺椅、兩榻並連的臥床、棉被枕頭衣物，還有特別掛在橫桿架上顏色鮮紅的傳統族服、縫著貝飾的族帽和長尾羽飾等。

屋子最裡頭是他的書桌——拉阿魯哇的精神堡壘，上頭放著電腦螢幕和主機，還有散置桌面各處的文件資料。筆者的名片，被擱在其中一疊的最上頭，和最近一期水費、電費收據相伴。

書桌右後方靠牆處，是成L型擺滿了書刊的書架。書桌是大賣場簡單電腦桌的形制，一把廉價綠色塑膠凳則是他的電腦椅，看來頗實用耐用。我於暑假到訪，鐵皮屋內有點悶熱。游仁貴穿著汗衫、腳趿拖鞋，地板是未鋪磁磚的粗刷水泥地。他打開電腦，秀出「族語測驗題庫建置平台」給我看，邊接受我的訪問。

游仁貴敲動鍵盤，「Hla'alua」跳出螢幕，接著浮現「uraisa」（拉阿魯哇族的問候語）。和台灣各原住民族一樣，拉阿魯哇沒有發展出自己的文字。目前拉阿魯哇族母語使用的是羅馬拼音。

對比鍵盤，他經年務農粗糙的雙手顯得過於巨大，也許一開始對他而言，馴服田野山林比馴服鍵盤容易多了，但經多年練習，如今他已能比較輕鬆的召喚一個個蟹行的拼音文字，站好排成拉阿魯哇族的隊形，出來和訪客打招呼。

老人家學電腦和上網已經不簡單了，游仁貴還要進一步學會族語的羅馬拼音，實在不簡單。豆大的英文單字和和上了年紀的老花眼聯手折磨他，他得戴上他的老花眼鏡奮戰。戰場（書桌）上，紅色塑膠框的老花眼鏡一度敗下陣來，折損了一隻腳，游仁貴用紅色膠帶纏了纏，督促它聯袂繼續上場，一旁的綠油精也處於備戰狀態，準備隨時為他們提神打氣。書桌上堆滿筆記、教材，以及滑鼠和麥克風，大家都就戰鬥位置了。

頂樓鐵厝，這裡是游仁貴的「個人工作室」，他晚年據守的戰場；也是拉阿魯哇族母語及文化與時間競賽的戰場，族群復振從這裡出發。

從游仁貴的「戰場」望出去，正是雨季中滔滔滾滾的荖濃溪。不下雨的日子，山林在陽光照耀下依舊無比翠綠。

誰能料到，久遠以前，一場「生蕃」獵人與客家腦丁間美麗又危險的邂逅，在殺機轉換成生機的一念間，他們各自放下出草與對樟樹趕盡殺絕的念頭時，已悄然締結令人意想不到誓盟，成就未來豐收的盛宴。

四貝：神話天啟

1 鬼火：異象的召喚

山上的夜，在未受水銀燈污染前，是純淨的黑，富於質感及深度，是來自遠古洪荒真正的夜。

從「高中」這邊望過去，過河是美瓏社。美瓏社位於荖濃溪東岸，行政上仍屬高中里，位置正當塔羅留溪對岸台地。

夜深了，伸手不見五指，旺盛的暗雲即使看不清輪廓，依舊滿滿的籠罩天空，遮蔽了滿天的星斗和月亮。因為今夜不須月亮點綴，連作為配角的星群也不用登場，今天晚上另有主角，它要擁有全部的舞台——彌天亙地的黑。

對岸有盞飄忽的火，在往美瓏社另一個轉角那邊。主角現身，游仁貴看到了！

「以前路還很小，那邊有棵老刺桐，還有一座墳墓。真的很有靈，當時我看到一盞火！」游仁貴興奮的說。

像有人點著了火把在山路上走，上上下下、搖搖晃晃的。夜太黑，除了火，什麼都看不清楚。他跑近河岸去看，睜大眼睛看，也沒看到人，沒聽到人聲，像磷火一樣，自己飄著、舞著；然後就消失不見了。

「驚訝！但不會覺得害怕！因為不知道是什麼，小孩子也沒什麼鬼火的概念。」那是大概國小五、六年級開始看見的，游仁貴回憶，以後他不斷見到這種異象。

「問別人，大家都說沒看見！」這就奇怪了，游仁貴揉揉眼睛問同學，特別是對岸美瓏社過來上學的；但沒人晚上十一、二點了，還不睡覺出門。

「那個火」出現的時間，通常只有幾分鐘；但有一夜，情況離奇，「那個火」數目非常多，彷彿沿著山路延燒了起來，火光照亮了山林，從過河轉角向左的地方開始一路蜿蜒往上，到達今天美瓏社貝神祭儀場所在。這麼大的火燒山景象，大家總該看到了吧，但隔天問同學「路為什麼燒起來？」，大家還是搖頭說沒看見，不知道他在說什麼。

「我很納悶，為什麼只有我看到。」那時候還小，還不知道什麼是貝神、貝神祭，也不曉得「那個火」往上燒到的地點是以後要舉辦貝神祭的祭儀場，年少的游仁貴只能把心事擱著。被這種連自己也不懂是什麼東西的「磷火」現象吸引，從國小高年級開始，一直到長大當完兵回到部落，都持續不斷的召喚著他，但游仁貴仍懵懂，無法回應。

「有一次，我和我太太在一起，唱我們族歌的時候，突然聽到對岸有人回應，是女性的聲音。我趕快發動機車去追，想看看是誰，那個人她一直走下去，下面是以前的墳墓……但最後還是沒有看到。」游仁貴說得歷歷如繪。

對於父親遇到的一些不可思議的異象，兒女們也都知道，「像鬼火啊那些的，可能一開始父親並沒有特殊的想法，只是看到鬼火忽遠忽近的飄著，好奇為何如此，而且會有隊形呈現，像火舞一樣。直到大家在部落老人家指導下練習，重新找回貝神祭的舞步和歌時，才發現那些舞步、祖靈唱的歌，跟他之前經歷的神秘異象是一樣的。」二女兒游淑萍說。

2 老刺桐：族群的春天降臨

冬天前腳剛走，春天就來了！刺桐樹迫不及待，像報春般引爆枝頭，朱紅色的花朵滿樹綻放，每朵都像火焰，燒得冬天的屁股一刻都不敢久留。茎濃溪這時溪水稍漲，夏天的大怒神在春神安撫下，雖生機勃勃，蓄勢待發，但尚馴服而平靜，它在等待更多雨水的酣暢。這是部落一年中最美好的時光之一。

這棵二、三十公尺高、幾個大人才能圍抱的老刺桐，屹立在高中過河到「索阿紀」河床上方路旁，陪伴族人已超過百年，是拉阿魯哇族各社公認的社樹，途經的族人都要虔誠為祂澆灌。冬天落葉，春天開花後再長新葉，刺桐樹四季循環，生生不息，也串起拉阿魯哇族的生活節慶及祭典信仰。

「可惜因為開路，挖到刺桐樹根部，後來就死了！」游仁貴無限惋惜的說。

開發付出代價，百年老樹犧牲自己，成全了部落對外便利的交通。後來，游仁貴才知道這一切現象、異象都是預兆，是貝神的啟示。祖先親手種下的社樹死了，從那裡開始有些至關緊要的「事情」要做、有些至關緊要的「東西」要復活，黑夜裡的磷火燃燒舞動著，指引、導引著。

是啊！只有黑暗才能容納神話，滋養並期待族群文化的新生。

一九九三年，族人終於等到無形的「刺桐花開」——族群春天的到來，拉阿魯哇族群文化復甦的契機終於降臨！

一九九三年十月十五至十七日，兩廳院舉辦「台灣原住民樂舞系列：一九九三鄒族篇」，十五、十六日在國家戲劇院演出，十七日在中正紀念堂演出，演出族群包括當時被統稱為北鄒與南鄒的達邦、特富野、來吉、樂野、山美、新美、里佳、茶山、久美、桃源、沙阿魯阿（拉阿魯哇）、卡那布支族（卡那卡那富）。舞碼包括：戰祭歌、情歌、慈祥的歌、史歌、哀歌、詠吻、寫景之歌、豐收祭之歌、飲酒歌、弓琴、口琴、鼻笛等。

當時為官方劃歸南鄒分支的「沙阿魯阿」族人，在主辦單位安排下，前往觀摩阿里山鄒族的傳統祭儀，發現兩者的語言不通，舞蹈、祭典和文化也不一樣。當然，早在日治時期就有學者主張拉阿魯哇族、卡那卡那富族和鄒族之間語言並

△拉阿魯哇是山林子民，也是充滿神話與傳說奧秘的族群。游仁貴從兒時就不斷受到「鬼火」異象召喚，鬼火舞影蜿蜒的隊形，正是後來重新找回的聖貝祭舞蹈隊形；鬼火燐燒忽隱忽現的青色火光抵達之處，就是後來美瓏社祭儀場奠基重建之處，這些為貝神傳說增添神秘色彩。

不相通，且其社會組織、信仰與價值觀等方面也有許多明顯的差異。但在戰後官方統稱鄒族的認定下，拉阿魯哇族人一直以為自己就是鄒族、是南方的鄒族，與北方的鄒族是親戚的關係，只是隔離太遠、太久沒有再往來。這種模糊不安的族群認同，因為此次文化碰觸的機會，發現彼此的差異，才被打上問號。拉阿魯哇族人開始有了走自己的路、自我族群認同的覺醒。

發現差異，族群覺醒

游仁貴說：「聽老人家說，洪水時期，我們曾經和卡那卡那富族及北鄒族一起住過，洪水退後，三族就分散了，我們的祖先往日出的方向走，碰到小矮人，卡那卡那富族往楠梓仙溪去、也就是那瑪夏一帶，北鄒族就往南投濁水溪的方向走。後來才併在一起，把我們當做南鄒族，但我們自己知道我們和卡那卡那富及北鄒不一樣，語言和舞蹈都不一樣，只是老人家說以前我們曾經一起住過，所以有一首歌，一首平常生活唱的歌，我們排在貝神祭第六天祭典要結束時唱，他們也會唱。」

他回憶，因官方政策想恢復台灣各原住民族的祭典和歌曲，一九九三年，透過桃源鄉梅蘭村①一位布農族舞蹈老師張麗華的邀請，要請他們表演拉阿魯哇族的舞蹈，那時由美瓏社頭目余中清召集族人參與（余頭目現已過世了）。

「美瓏、美蘭、美濃都相同，因為口音的關係才寫成不一樣，美瓏社他們曾住過美濃，後來知道這裡有他們的同族，才回到這裡來，客家人是最後才到美濃的，所以『美濃』這個名稱是從我們拉阿魯哇這裡開始的。

以前余陳月瑛當高雄縣長時，開始在美濃辦黃蝶祭，還有邀請當時的余中清頭目和族人出席，幫忙到廟裡拜拜，因為她知道美濃這個地方是我們拉阿魯哇曾經住過的地方，有人講說是姐妹地。」游仁貴解釋。

要恢復已中斷數十年的傳統談何容易，在登上國家級劇院對全國民眾表演的巨大壓力下，有些耆老就希望借用阿里山鄒族的歌舞來展演，再予以變化即可。但也有些耆老認為，觀摩過阿里山鄒族的表演後，實在很難再裝做相同，所以主張找回並展演屬於自己的獨特文化。

在張麗華協助下，以舞台表演元素及當時文化現況評估，認為拉阿魯哇人的生活形態已經改變，像獵首祭、農耕祭、漁獵祭等都不符合演出需求，所以建議選擇可以結合祖靈的宗教祭儀來重新演出。

經熱烈討論，因貝神祭包括貝神、祖靈與小矮人等元素，形式既神聖，內涵又豐富，最後大家決定選擇台灣所有原住民族群中都沒有見過的、唯一以貝殼為神聖之神的祭儀——貝神祭，到國家劇院演出。就是這個抉擇，跨出了拉阿魯哇族人覺醒與認同的重大一步。

3 貝神召喚，族人回神

「一開始都不會跳，大家都已忘得差不多了！」當年參與其中的游仁貴說：「連許多老人家都不記得了，有的也沒跳過、唱過，要怎麼表演給別人看？幸好，余中清頭目還記得一些；他以前有參加過祭典，比較知道，就帶著大家一起練習，邊想邊練，慢慢的喚醒老人家的記憶，就越來越完整了。」靠著耆老們回憶講述以前看過或參與過祭典儀式的經驗，貝神緩步回來了，聖貝祭好不容易「復活」了。

族群潛藏的集體記憶與想像力持續發揮作用，在眾耆老苦心努力下，最終完成編舞及歌謠，讓最富神秘色彩的貝神祭在國家劇院成功發表，引起熱烈回響。而此一過程，不僅讓貝神走出族人腦海，走進文化現實，重新滋潤母語土壤，也間接促成老一輩與中生代的文化傳承。

包括目前最年長的蔡文傑（高中里）、歐玉桃（桃源里）等十餘位耆老和謝垂耀（Anguu Hiilala）、游仁貴等帶領族人，共約二十餘人北上國家劇院表演貝神祭，完成「不可能的任務」，讓外界了解並正視拉阿魯哇族與鄒族的不同。

我一直以為我們是鄒族，可是去表演後，三支鄒族舞蹈通通不一樣，也聽不懂別的鄒族之歌曲、語言。雖然當時我們稱兄道弟，可是跳完舞後，我覺得我們真的是不一樣的。

而且，上台的時候本來很緊張，可是一旦投入之後，就彷彿進入到祖靈共舞的境界，我想祖先們一定很高興，我們把 Hla'alua 人的舞跳給別人看②。

這是一位當年參與演出的年輕族人 Caupu（當時才二十歲出頭）的心聲，其實不只他，大家都很震撼、感動。如今頭目、耆老凋零，但游仁貴永遠記得他們在舞台上發光發熱的容顏與身影。是貝神的顯靈、召喚，讓他們帶領拉阿魯哇族重新站上歷史舞台，得到日後正名的契機。

回神，國家劇院以後

國家劇院的表演經驗，喚醒拉阿魯哇族人對自己傳統文化的重視，族群認同意識逐漸覺醒。以此一刺激為起點，族人積極投入祭儀歌舞的練習，並屢次受邀到不同地方表演，大家越來越有信心。

為有效組織族人，加強向心力，兩年後（一九九五年），族人在桃源成立「南鄒族沙阿魯哇宗親協會」——這是推動拉阿魯哇文化復振最初的正式組織，其任務除恢復部落舉辦貝神祭的傳統外，平時並召集族人持續練習祭儀歌舞及推動族語教學。

早在參與余中清頭目召集的貝神祭舞蹈練習

△很多年輕人回憶第一次參加貝神祭，穿上父母準備的傳統服裝，鮮紅的上衣，帽上鷹羽在風中飛揚，內心都會無比驕傲。女性帽飾則是雞羽開展如花、彩帶翻飛，佩件繁麗步搖，優美動人的身影，是眾人目光的焦點，也是貝神烙印了拉阿魯哇子民的榮耀與驕傲。

時，游仁貴就有一種似曾相識的感覺，這才發現這個祭典的舞步，就是他年少以來一直看到的、河對岸山路的火舞隊形。

「跟我小時候看到的一樣！」彷彿混沌初開，蒙昧散盡，他興奮的說。

為恢復族群文化，聖貝祭的傳承不能斷，祭典的舉辦可以凝聚族人向心力，也可對外號召。因此，聖貝祭必須從劇院舞台落實回到部落中舉行，但過去的祭儀場已不復存在，需要重建。最後美瓏社貝神祭的祭儀場和聚會所，就選擇蓋在游仁貴看見鬼火沿著山路緩緩往上舞動，最後抵達並消失的地方，好像命定一般。

二〇〇六年四月二十二日，在高雄縣原住民振興文化計畫經費支持執行下，位於高中村美蘭部落的男子聚會所終於落成啟用。當天凌晨三點三十分，夜色如墨時，族人即魚貫進入聚會所，舉行莊嚴肅目的開幕儀式，正式祭告祖靈——我們回來了。

山林脈動，世代演替，傳承從斷點處接了回來。經過族人漫長的正名運動，二〇一四年六月終獲頒布為台灣原住民第十五族——拉阿魯哇族。貝神祭也在貝神的召喚下，在山林儀場中重新點燃火炬，照亮黑暗；族人舞踊歌唱，化異象為天啟，與祖靈共同呼吸，共同迎接黎明到來。

4 貝神子民的榮耀

我第一次參加 Hla'alua 族貝神祭，穿上母親為我準備的傳統服裝，父親跟我說鮮紅色的上衣是代表我們勇猛善戰，皮做的帽子和褲子代表我們的文化進步，上面繡著貝殼是代表我們對貝神的懷念，也告訴我貝神祭的由來。父親告訴我，女生是禁止進入或靠近的，只有男子才可進入。還有在祭典活動中也不能隨便亂闖入，會受到嚴厲的處分。到了晚上族人們都集合在一起練習祭歌和祭舞。

我知道必須要努力去學習，因為身為 Hla'alua 族的子孫，唱著祖先所傳承的歌曲，跟著祖先的舞步，學習屬於自己族群的文化，這就是我的責任和榮耀。

從此之後我對自己族群有了更多的興趣和認識，這不單只是學習傳統文化，也開啟了我的智慧，讓我更加認識我自己③。

這一刻等待了多久！拉阿魯哇的孩子有一天終於可以用自己的話，大聲說出自己首次參加貝神祭典後的心聲；驕傲的喊出：「身為拉阿魯哇族的子孫，唱著祖先所傳承的歌曲，跟著祖先的舞步，學習屬於自己族群的文化，這就是我的責任和榮耀。」

而身為「貝神子民」，拉阿魯哇年輕人更深刻了解到自己族群差點被消抹在歷史洪流中的多舛命運，過去他們被錯誤的、將錯就錯的長期歸類為鄒族一支，但他們擁有自己獨特的語言，與鄒族完全無法溝通；他們更擁有獨一無二的聖貝祭，其他原住民族群中都沒有；過去他們曾是人口眾多的大族，但因為嚴重瘟疫，使得人口銳減至今天的三、四百人；而與外族通婚的普遍現象，更造成文化被同化流失的現象。

獲得正名前後的心路歷程，從擔憂、不平到驕傲、自信，充分反應在這篇〈貝神子民〉的文章中：

> 目前臺灣有十四支原住民族群，而自稱為 Hla'alua 的我們，則被歸屬在阿里山鄒族分類之下，但也有人稱我們為南鄒族。身上掛著不屬於自己的族名，讓年輕一代不知如何認清自己，不了解 Hla'alua 文化，更面臨失去說母語的能力。
>
> 身為 Hla'alua 後代子孫，近年來眼見語言與文化漸漸消失，深感無助。更多的疑惑，使我停滯不前，例如：小時候，不懂為什麼一定要學母語，而且為了升學加分還要族語認證；為什麼貝神祭典儀式過於莊嚴卻不能像別族一樣熱鬧、有趣；為什麼祭儀歌謠總是這麼難發音；為什麼每次對外介紹我是鄒族，還要特別解釋是南鄒族。
>
> 一直到開始參與族群的活動，才深深體會我族之美……今年的貝神祭是歷年第一次由族人所舉辦的，往年都由公家單位主導推動。族人們忙著布置場地、練習舞蹈、釀酒等，似乎看見往日傳統文化興盛的光景。透過活動，族人的心更加緊密在一起了，我想這就是我們 Hla'alua 的精神④。

拉阿魯哇的學生、年輕人之所以能夠撥開歷史的迷霧認清自己，認同自己的族群文化，族中長老們做出了很大的貢獻，是他們在前頭領路，踏出堅定的步伐，且將明滅不定的鬼火化為真實燃燒之火，在黑夜的山路中高舉五節芒火把，照亮了周匝，後面陸續跟了上來，凝聚集中，這支人數稀少的隊伍才不致於迷路消散。

①梅蘭村於 2010 年更名為拉芙蘭（Lavulang）村，現為拉芙蘭里。

②引自郭基鼎，《Hla'alua 人的社會生活、文化認同與族群意識：以桃源鄉高中村為例》國立台東大學南島文化研究所碩士論文，2008，頁 123。

③摘自原住民族委員會族語數位中心「族語 e 樂園—閱讀書寫篇—第一次參加貝神祭」ttp://web.klokah.tw/extension/rd_practice/index.php?d=37&l=16&view=article。

④節錄自原住民族委員會族語數位中心「族語 e 樂園—閱讀書寫篇—貝神子民」，http://web.klokah.tw/extension/rd_practice/index.php?d=37&l=25&view=article。

五貝：正名，迎向挑戰

1 欠收與企盼：芒果樹下的汗水

七月的艷陽下，芒果樹本該結實纍纍，但今年的結果情形卻不如預期。站在芒果園中，展望這片坡地上的果樹，明明是收穫的季節，謝垂耀卻怎麼都開心不起來。

「太慘了！」

二〇一六年一月的那波寒流太強了，南部高雄平地氣溫都降到七、八度了，何況山上，海拔約七、八百公尺的產地，氣溫一口氣更掉到三、四度以下，媒體形容為「霸王級寒流」一點都不誇張。剛好又碰上金煌芒果要開花授粉的時期，不是開不了花，就是花蕊被凍傷凋落，根本結不了果。

謝垂耀在自家芒果園裡察看，滿片綠油油的樹，葉茂枝繁，但就是沒有往年纍纍下垂的，數也數不完一眼望不盡的，滿是套袋果實的豐收景象。其實幾個月前看時，就心知肚明了，今年情況絕對淒慘。逐樹翻尋枝葉，只見大都是枯乾的花蕊，花株黑死，連授粉的機會都沒有，即使結果，也只是少數幾粒微果，瘦巴巴、顫危危的掛著，是無籽的「空苞彈」，隨時有落果的可能。

「部落果農都哀哀叫，整個高雄南橫地區，從寶來到梅山，都沒有開花，今年可能就很難有什麼收成了。年初的超強寒流嚴重影響金煌芒果的開花期，造成果樹開花率不到一成。情況已經夠糟了，之後接連豪雨成災，雨下個不停，導致落果現象，部落果農一年的收成恐怕全都泡湯了。」

芒果收成不好，消費者只是嚐不到、或必須花費較高的價錢才能吃到芒果的鮮甜滋味，特別是往日夏天必定熱賣的芒果冰，因金煌芒果是主角，免不了水漲船高，但對部落果農而言，卻是他們辛苦一年的成果，生計勢必受到非常大的影響。

身為果農，又是老鄉長，謝垂耀關心族人生計，不禁眉頭緊蹙，汗汁從額際冒出、滴落，大熱天裡已滿頭大汗。

「金煌芒果是南橫地區部落族人重要的經濟來源之一，著果率奇差無比，連成本都無法回收，更別說賺錢了！這讓原本就弱勢的原住民果農更苦不堪言，不知道往後要怎麼過日子，希望桃源區公所盡速提報中央政府的天然災害救助，讓受損果農能減輕點負擔。」

部落經濟看天吃飯

部落的原住民農民同樣看天吃飯，山上芒果、梅子、水蜜桃和紅肉李等主要經濟作物，有的怕冷，有的要冷，各有癖好，所以暖冬不行，寒流不行，天氣忽冷忽熱不行，雨水太多太少也都不成，簡直順了姑情逆嫂意，照顧起來，實在辛苦。像二〇一六碰上大寒流，二〇一七年卻逢暖冬，天氣過熱，加上降雨又不平均，導致桃源區各類水果產量銳減，不論種芒果、梅子、李子或水蜜桃的，都叫苦連天。

五月正逢金煌芒果套袋期，看起來是比去年幾近「零收成」的慘況好些，但花開雖多，授粉差，也只有差不多二、三成的產量，夠回本而已。紅肉李就慘了，產季太熱又遲不降雨，結果零星；水蜜桃也沒好到哪裡，暖冬導致水蜜桃晚熟，顆粒變小，賣相不佳。

也許有消費者認為，水果產量銳減的話，價格一定會提高，果農是否受益？謝垂耀說，其實不然。像南橫今年已經採收的梅子，就因量少而價揚，但價格雖大幅提高，卻因產量太少而無法多賣，最後果農的收入跟付出的成本也只是剛好打平而已，好一點的僅夠維持基本生活，說賺錢是太奢侈了。

看來，今年紅肉李、水蜜桃和金煌芒果的價格即使有機會抬升，部落果農也賺不了什麼大錢，大家只盼今年的收成能維持基本生計，來年有再戰的本錢就很滿足了。反而是愛玉，以芒果樹共生栽植方式，成本低，又不用噴農藥，所以成為部落經濟價值比較高的作物。另外，寶山附近的族人種野生茶，也不錯。

只是務農看天吃飯，部落並無其他產業，在地年輕人不容易找到工作，只有南橫公路有工程進行時，會就近僱請部落臨時勞力。而原本寄予厚望的部落觀光休閒產業，八八之後，整個桃源區就沒落了。

「連以前人潮特別多的寶來溫泉都拉不起來了，更何況是我們原鄉。」老鄉長慨嘆。重點是，部落經濟發展不起來，年輕人留不住，對族群語言文化的傳承絕對不是好事。他認為，部落經濟這塊，「我們老百姓能力有限，政府應該有長期完整的規畫……現在都是我們自己在搞啊！講到這個我們就會氣啊！」

自區長一職退下來後，謝垂耀除了務農，關心族人生計，也不間斷的投入拉阿魯哇族文化復振志業，持續領導族人團結，強化族人向心力。談起過去帶領族人推動正名運動的經歷，他可以說從頭到尾，無役不與。

2 遲來的掌聲：正名成功

「今天台灣又增加了第十五和十六族，我們感到非常高興，謝謝大家，大家給自己一個鼓掌！」二〇一四年六月二十七日，行政院長江宜樺向全民宣告這個好消息。

這一天，拉阿魯哇族及卡那卡那富族族人已經等待好久好久了，以拉阿魯哇族的大自然曆法來看，社樹刺桐花都已經不知開落多少回了！雖然是遲來的掌聲，但族人還是非常興奮，在行政院舉辦的兩族「民族核定正名茶會」上載歌載舞，展演他們的傳統文化，歌謠在有限的空間內共鳴，有如來自無垠山林的天籟，令人五內震撼。

△謝垂耀閱歷豐富，又有行政經驗，從國小老師、主任，到議員、鄉長、區長，很早就關注到拉阿魯哇族與南鄒的不同，從而善用各界資源，喚醒族人的自覺，踏上漫長的正名之路。也是果農的他，特別關心部落的經濟產業，認為政府若能協助發展部落，提供更多工作機會，有助於拉阿魯哇的遊子返鄉，無後顧之憂的回歸母語文化的懷抱。

雖然，坐在台下的來賓和媒體記者聽不懂他們在唱些什麼，還有舞蹈的意義何在，但心靈的感受是最直接的，是超越這些形式的，衝擊迎面而來，陌生却強烈。

也許直到筆者下筆的這一刻，仍然還有許許多多台灣人對拉阿魯哇族及卡那卡那富族還是完全沒有聽過，或完全不了解，但從正名成功的那一刻起，「名正言順」之後，他們將更有尊嚴與能量，絕對有利其自身族群文化的復振，並逐步推廣交流，讓大家慢慢認識、欣賞並尊重這兩支早已存在台灣久遠、歷史遠超過漢人的原住民族及其特有的語言文化。相信，這一天一定會到來！

在這個歡慶正名的日子，盛裝傳統服飾的拉阿魯哇族人在茶會上，放聲吟唱傳統歌謠，在官方的紅地毯上跣足而舞！每一次舞踏，都充滿驕傲與自信。歌聲與舞蹈，立即傳回山上部落，那離台北遙遠的家鄉，族人在電視機前零距離、無時差的共同分享了這個榮耀，激動得眼眶泛紅。

終於，正名成功這天到來

「客觀上，這三個族（指鄒族、拉阿魯哇族及卡那卡那富族）確實有不同的歷史文化，更重要的是這三個族在主觀意願上，也都分別有獨立正名及願意樂觀其成，所以從二〇一一年、二〇一二年分別提出申請，經兩三年時間，我們原住民族委員會終於完成了這個認定……」江宜樺說。

說是「正名」，其實應該是「恢復」，因兩族早有其名，只是一再淹沒於外來政權的歷史洪流中，讓他們張冠李戴了這麼久，連自己都快認不得自己。幸好，族群意識覺醒，經原民會委託政治大學原住民族研究中心調查兩族正名資格確定，拉阿魯哇族及卡那卡那富族終於「恢復」屬於他們的族名。

由高雄市桃源區興中國小小朋友組成的表演隊伍，盡情的演出，這可能是他們所經歷過的表演舞台中權力位階最高的一次，在鎂光燈和眾人目光前，他們訓練有素，歌舞到位，毫不怯場。小朋友高舉揮舞從部落帶去的翠綠茅草束，以高亢嘹亮的聲音，彼此呼應；象徵族群文化特色的聖貝道具，就擺放在舞台上，彷彿守護神，召喚並聆聽子民的此時此刻、難以言喻的心聲。

正名之後，拉阿魯哇人對未來的族群母語文化復振，已有規劃。拉阿魯哇文教協進會理事長謝垂耀表示，會利用暑假期間成立部落學校，讓在外的高中以上學生回到部落學習族語，這是今年暑假最重要的任務。他充滿自信的說：「我們的歌謠太多了，很豐富，需要我們的長輩一首一首的教學生。」；「協會今年將成立文化及族語推動小組，來規劃二〇一四年度族語文化傳承工作；從學校、部落家庭及種子師資培育三方面著手，期待正名之後；能將族語、祭典文化完整地傳承給下一代。」

雖是歡慶正名的日子，終於成為台灣原住民族的第十五、十六族，但也暗藏隱憂，因兩族人口少，各自有三、四百人左右，也長期與布農族等族群混居生活，未來要重新完整建構祭典儀式、傳承族語文化，都是一條比正名之路還要艱辛的漫漫長路。原民會已將兩族語言納入瀕危語言復振計畫中，後續的族語教育及文化學習等工作，將成為兩族要面對的急迫課題。

3 往事並不如煙：老鄉長謝垂耀領導的正名之戰

早在正名前，族人就如火如荼的重新學習族語了！可說是部落的全民運動。族中長老住家外頭就掛著大塊白板，做為每週三族語日戶外上課的地方，上面書寫附有中文對照的羅馬拼音——這些就是拉阿魯哇族的族語，學生定期來這邊上課學母語，跟著族語種子教師不厭其煩的一唸再唸，老人家、父母親也會陪伴著，讓朗朗讀書聲回響在山谷部落，深刻在他們的心板。

課程結束後，老人家會開心的喝上一兩杯，對著山林月色開懷高歌。沒有屋頂的部落教室，卻有滿滿的熱情。

從二〇〇〇年起，拉阿魯哇族人就有系統的著手復興部落文化語言、傳統慶典，也建立語言教室，把握時間，由尚能說流利族語的耆老來教導族中年輕人及學生。主導並帶領阿魯哇族語言文化復振志業的重要人物之一正是謝垂耀。

正名路上，如果說游仁貴是復振拉阿魯哇語言文化的靈魂人物，那麼謝垂耀就是領導拉阿魯哇正名運動的重要推手。兩個人的合作，加上許多頭目、耆老和族人的協助，以及中壯代郭基鼎的崛起和年輕一輩的接棒，凝聚了拉阿魯哇族人的向心力，重新讓拉阿魯哇族沉睡的文化活了過來。

回憶往事，首先是正名之戰！

歷歷正名之戰

《為名而戰：拉阿魯哇族、卡那卡那富族》①一書中，一再提到族人應邀參與一九九三年那場國家劇院展演後，拉阿魯哇族人自我族群意識的萌發與覺醒，他們開始正視自己與鄒族的不同與自身文化存亡危機，後來族人先是成立「高雄縣鄒族宗親會」，對於族群各項議題展開討論，其中最重要的即是族群語言文化的保存工作，以及族群正名運動。

最後，遂於二〇〇八年起，由謝垂耀前鄉長召集眾人，提出恢復拉阿魯哇真實身分與族名，成為單一族群的可能性，期待拉阿魯哇族人走出長久以來的鄒族陰影，在陽光下看清自己，大聲喊出真正屬於自己的族名，從而邁向自己的生存發展的未來之路，讓族群的語言文化永續綿延。

「我們不應該是同一鄒族！」，就從這樣一個念頭開始，謝垂耀帶領族人走上正名之路！這一路並非康莊坦途，其中曲折、點滴，如人飲水，曾任國小教師、高雄縣議員、高雄縣桃源鄉鄉長、高雄市桃源區區長，現任拉阿魯哇文教協進會理事長的謝垂耀回憶往事並不如煙，而是歷歷在目，他寫道：

擔任鄉長、區長期間，我不斷省思如何帶領族人開創未來？族群的名字到底是「沙阿魯阿」還是鄒族？曾經與阿里山鄒族互動多次，也參與了他們的 Homayaya 和 Mayasvi 祭典，與我族的 Miatungusu 祭典是迴然不同的文化儀式，語言更是無法相通。所以「我們不應該是同一鄒族」的想法，讓我開始決定編列鄉公所預算，要撰寫拉阿魯哇歷史與文化，並召開正名的公聽會，以正視聽。…二〇一三年調查結果，從語言、祭典、文化上，拉阿魯哇族的確獨樹一格，符合單一民族條件。

惟令人可惜的是行政上的延宕，直到二〇一五年六月二十四日才由行政院公布為第十五

△可以用貝神的左右手來形容謝垂耀（左）與游仁貴（右），兩人攜手同心，一位在族群正名推動上領導，一位在語言文化復振上著力，共同指引，拱護這支人數僅約 400 人的隊伍，走出自己的路，不致潰散。

△老鄉長謝垂耀巡視芒果園，關心族人生計。

族，期間老頭目林武雄和部分耆老相繼過世，無法見證此歷史時刻②。

4 話說從頭：漫漫正名路

「是什麼樣的契機，讓你們走上要求正名之路的？」

二〇一四年六月行政院甫通過拉阿魯哇族和卡那卡那富族正名，宣告兩族成為台灣原住民族的第十五、十六族。七月五日，原民台「部落大小聲」節目（第二十七集）隨即邀請拉阿魯哇族代表和學者座談，主題為「第十五族入列！拉阿魯哇的正名之路」③。

在主持人追問下，老鄉長謝垂耀緩緩打開記憶之盒，談起族群正名始末，語氣鏗鏘有力。

「這個要回憶到一九九三年，那時我在學校當主任，國家劇院有一個『鄒族篇』，邀請我們鄒族人去表演，包括阿里山的鄒族、那瑪夏的卡那卡那富、還有我們桃源的拉阿魯哇，上了舞台後發現，咦？在服飾上、在祭典的舞蹈上、整個過程，還有語言上也不同……」

「回來後我一直想，如果我們長期這樣下去，我們拉阿魯哇可能就會消失在台灣。後來我當了鄉長，我就一直跟我們族人說，在這種情況下，我們是不是要主動站出來；那個時候，我當議員就有那種構想，但那段時間不是很有共識，到我當了鄉長，我就想說，我們如果長期被歸類在阿里山的鄒，那以後我們族群的語言文化就會慢慢消失，而被布農族同化，如果我們沒有趕快站起來，成立我們自己的民族，那未來我們的後代更會遺忘我們現有拉阿魯哇寶貴的文化資產。」

「那後來八八風災之後啊，二〇〇九年我們就開始來召集我們的族人，來向原民會申請。經過多年的努力，在申請的過程中，當然這之間有許多波折，碰到什麼問題，要補什麼文件、資料啦，為什麼行政程序要拖得那麼久，因有一定的步驟和程序，必須要有族人名冊，且親自簽署同意；第二個階段，你的領域到哪裡，和布農族有沒有重疊。最後是政大黃教授和林教授提出研究報告，即如何區隔拉阿魯哇族和鄒族的不同，拉阿魯哇族和卡那卡那富族的不同，感謝政大研究團隊到每一個部落去調查分析，完成非常詳實的研究報告，送到原民會，原民會接受後，才慢慢推動行政程序。」

二十年正名路，貝神喚醒，各方促成

「這行政程序雖然長一點，但我們也不會埋怨啦。」

謝垂耀面露微笑的解釋正名之路牛步化的原因，但仍不忘感謝所有在正名之路上幫助過他們的人。

他說：「這兩年來，我們深深感謝族人的團結合作及努力，取得共識，在（二〇一四年）六月二十六日行政院會頒布為第十五族，過程大家都非常辛苦，但也非常愉快！」

早年謝垂耀為高雄縣議員時，原民會綜合規劃處處長阿浪・滿拉旺（布農族）正是高雄縣政府原民局的局長，兩人互動關係良好。

亦應邀上節目的阿浪・滿拉旺回應說：「有關族群認定的問題，各該民族自我的覺醒和認同，是最重要的！一旦形成共識，就會提出需求。拉阿魯哇在二〇一一年的年底開始提出申請，但之前族群內部的覺醒更重要，醞釀的時間更長。之後的行政程序，就由原民會來輔導協助。」

二〇一一年五月，謝垂耀鄉長任內提出正名申請獲原民會同意受理後，二〇一二年二月委由政大團隊進行為期一年的研究；到二〇一四年六月方正名成功，過程達三年，並不輕鬆。如果從二〇〇九年算起，時間則長達五年；若追溯至一九九三年喚醒族人自覺的那場國家劇院公演算起，整個醞釀、覺醒到正名成功的時間，更歷時長達二十一年，可謂說來輕鬆，但步步艱辛。

從貝神祭搬上國家劇院舞台表演的那一刻起，貝神就喚醒拉阿魯哇人的民族意識，深深埋下民族覺醒的種子，等待時間沃土的孕育催生，經過漫長的奔走掙扎，奮力往下扎根，往上萌芽，在各方協助拉拔下，終於冒頭出土，迎向艷陽。

從謝垂耀內心糾結的一句「我們不是鄒！」，到全體族人終於可以高聲大喊：「我們是拉阿魯哇！」，漫漫正名路沒有白吃的午餐，拉阿魯哇人了解只有自助才能人助，只有自立自強才能不斷成長茁壯。

5 迎向挑戰，堅定為族群發聲

「行政院原民會增加了這麼多族，如我們德路固（Truku，太魯閣群 Taroko）多了一個賽德克族，莫名其妙！他本來就是德路固，我們一樣是從埔里上來的，那這個鄒族的什麼拉阿魯哇族，應該要很多人口，怎麼剩下幾戶而已呢？一個族群他有多元的文化、多元的生活背景，一樣從底下被唐山人趕上去了，走一樣的路上去了，怎麼會是不同的族呢？

現在很多莫名其妙的老師在那邊搞族群分裂，很多的資源就這樣被分裂掉了，也不會合作啦，各說各話，像我們這邊，那個富世的、還有立山那邊的，搞了一個賽德克族，說什麼『真的人』……其實是一個很忠實誠懇、聰明有智慧的人，什麼『真正的人』，莫名其妙、非常的膚淺。

你們現在搞了這個族，還有一個族，只有幾個人的族，那以前的祖先都跑哪裡去，死光光了嗎？好奇怪的事情，應該好好去研究一下。」來自花蓮的張先生（太魯閣族）一口氣盡情宣洩，說得有點義憤填膺。

原民台「部落大小聲」節目，「第十五族入列！拉阿魯哇的正名之路」現場公開接受觀眾 call in 發問時，第一個打電話進來的太魯閣族人，顯然因為賽德克族自太魯閣族分裂獨立出來的前例而生氣，並不客氣的質問「剩下幾戶」、「只有幾個人的族」，即拉阿魯哇族可以正名成族的正當性何在？

台上排排坐的，主持人 Awi Mona 蔡志偉正是賽德克族，還有原住民族委員會綜合規劃處處長阿浪．滿拉旺（布農族）、拉阿魯哇文教協進會理事長謝垂耀（前高雄市桃源區長）、拉阿魯哇耆老游仁貴、拉阿魯哇文教協進會總幹事郭基鼎（時任高雄市桃源區興中國小主任）、政治大學民族學系研究所副教授黃季平等五位特別來賓。

回應質疑，堅定有力

觀眾 call in 的發言內容，怎麼聽都充滿挑戰，甚至挑釁意味，令人不太舒服。不過，這段錄影

△祭典不只是祭典，一年一度的聖貝祭，除了部落裡的族人，也會吸引外地的遊子返鄉參與祭典，提升了族群認同，也增進了族人之間的交流互動。祭典過程，久違的族人閒話家常，聯繫感情，也確保了族群文化的實踐場域。

△謝垂耀（右）與郭基鼎(左)是族群復振的領導人物。

值得注意及重視的是，我們可以從中看見拉阿魯哇族人的堅定回應，絲毫不因外界批評或誤解而動搖，這也是筆者特別以文字紀錄重現這段內容的原因。

蔡志偉以「嚴肅又重要的分享」來形容此一call in 發言內容。老鄉長謝垂耀沒有生氣，他語氣和緩但堅定的回應說：

「張先生你好！我們是拉阿魯哇族，我們之所以從鄒族裡分出來，最主要是我們跟他們的語言完全不通，那生命祭儀也不同，服飾也不同，我們是為了這個族群的存在，不要被邊緣化，甚至於在台灣原住民族的舞台上消失，所以我們要拯救我們自己的民族，我們並不是在搞分裂。」

他露出笑容，接著再次強調：「因為我們跟他們的語言完全都不通的，所以基於這樣的原則，基於族人的期待，所以我們必須要正名，我們不是跟阿里山的鄒在搞分裂，這個我要在這邊跟張先生提出說明。」老鄉長不慍不火，展露氣度與說服力。

「我想，正名的每一個族群的背景並不相似，可能都相差性很大，以我們族群來講的話，我們透過正名運動激起我們年輕人復振自己文化、保留自己語言，是我們努力在做，也是我們想要達到的目標。」郭基鼎補充說明。

節目進行中，游仁貴耆老在主持人要求下，當場吟唱起拉阿魯哇古謠，是首貝神祭第一天初祭時，男性族人在聚會所要唱的「迎神歌」。

錄影棚裡，渾厚的歌聲響起，坐在游仁貴兩旁的謝垂耀和郭基鼎也輕聲附和，時間彷彿倒溯，回到古老時光。

游仁貴解釋，此曲旨在提醒族人（壯丁）過往之事，因曲調古老，現在只會唱了，比較簡單的單字還可以懂，但歌詞內容這一代已無法全解。

6 唏噓與凋零：還是要加油

古老的曲調令人悲傷，因為歌詞內容這一代已無法全解；而頭目與耆老的日漸老邁凋零，也令人唏噓不已。部落裡外，許許多多不可逆轉的人事物，在時間大敵當前下，尤顯怵目驚心，其失落之代價遂無比龐大。

提到老頭目林武雄和部分耆老等不到正名成功的好消息就相繼過世，謝垂耀不勝唏噓。這不僅是族中長者的身故，更象徵一個世代的結束，帶走了寶貴的族群文化記憶與智慧。

回想老父親輾轉病榻，念茲在茲的仍是正名大事，美瓏社頭目林正義也對父親林武雄沒能在有生之日親眼看見族名之旗高掛、親耳聽到族名之聲遠揚，沒能與族人同享正名成功的喜悅，深感無限遺憾。

他說：「未接任拉阿魯哇族美瓏社頭目前，整日忙於生計，對於自己的族群了解甚少。過去我的父親 ʉlʉnganʉ 頭目雖然臥病在床，但一直非常關心這個議題，希望能早日找回自己的族群名字。我們終於在二〇一四年六月成為了單一民族——拉阿魯哇，只可惜 ʉlʉnganʉ 頭目無法親耳聽到、親身參與這個遲來的喜訊。正名的過程中，看到族人的心凝聚一起，為族群的身分而努力推動各項事務。希望自己不只繼承頭目位置，更要帶領拉阿魯哇族人面對未來的挑戰。加油！拉阿魯哇。」④

「整日忙於生計」確實是許多有心卻無力參與拉阿魯哇正名過程的中壯輩族人心中共同的痛。林正義如此，宋玉清亦如此，許多族人受訪時也都表達了同樣無奈的感受，不會說自己的族語、不懂自己的文化，內心愧疚。但這是整個時代的問題，整個時代的延誤，不能歸罪個人，讓族人獨自承受。

對他們來說，過去來不及或沒辦法參與，但未來他們願意奉獻一己心力。為了警務工作，長年旅居外地，疏離部落近三十年的宋玉清（Amahlʉ Hlauracana），正名後成為原民會族群專任委員（二〇一五年），他也有同感：

在外近三十年的警界生涯，族群的事務無法親身參與，所見所聞都是謝垂耀前鄉長、游仁貴老師、郭基鼎校長、邱英哲總工程司、余玉乾耆老、池明春耆老、余猛耆老、葉青春頭目及過世林武雄頭目在推動我們拉阿魯哇的文化事務。

由於他們的努力，拉阿魯哇在二〇一四年六月二十六日正式成為單一民族……未來，我將在工作崗位上為拉阿魯哇爭取最大的資源，目的是讓這個人數不多的族群，能將自己的文化延續傳承，正名運動告一段落，但我們的工作正要開始，大家一起努力吧！pasamanganʉ（加油）！⑤

正名運動成功的甜美果實雖然足堪告慰老頭目在天之靈，以及所有拉阿魯哇祖靈和神聖十二貝神，但展望前程，就像回首來時路，絕非一路平坦順遂，未來仍有許多挑戰和磨難等在前路、橫阻去路，有賴一代代的拉阿魯哇全體族人團結努力，一起克服，一起打拚。

△高雄市桃源區高中里排剪社入口，早期即豎立一尊族人雕像，寫有「南鄒拉阿魯娃群的神話傳說」，從南鄒之下的沙阿魯哇、拉阿魯娃，到去除南鄒，還我「拉阿魯哇」一族本色，是條正名的漫漫長路。

①《為名而戰：拉阿魯哇族、卡那卡那富族》，高雄市政府原住民事務委員會出版，2015年。
②同上註，頁2。
③詳見原民台「部落大小聲」節目，https://youtu.be/_7dF-2vk9ag。
④《為名而戰：拉阿魯哇族、卡那卡那富族》，頁4。
⑤同上註，頁7。

六貝：文化復振：從學說自己的話、寫自己的故事開始

1 重學寫字：拉阿魯哇族語拼音

傳承過程沒有想像中順利，一切都得從頭開始！年輕人族語講得支離破碎，路還很坎坷難行。

一個擁有自己母語的族群，要推廣瀕危的母語，除了要教會大家怎麼說之外，在教的過程裡，紀錄書寫的工具是相當重要的，這也就是如何拼音的問題。有了拼音符號，好像擁有自己的文字，才能口音正確的代代相傳，而族群文化也才能搭上這班族語的列車，軌跡清晰的從現在開往未來，以熱情燃燒足夠的動力，確保永不出軌或停駛。

促成拉阿魯哇族語拼音的關鍵人物是當時任教靜宜大學的德國籍教授蔡恪恕，在他幫助下，教會了游仁貴以羅馬拼音紀錄自己的族語，最後兩人和當時的頭目余中清合作，共同完成拉阿魯哇語詞典。

這套系統目前已電子化，在原住民族委員會的「原住民族語言線上詞典—拉阿魯哇語」，供民眾進行線上檢索，對初學者相當方便。

事情還是要回到一九九三年，當時仍被稱為南鄒族的拉阿魯哇族人首次登上國家戲劇院表演聖貝祭，激發了族群認同的覺醒。

但後續回響並不如預期順利，文化的復振、特別是族語的教育，還有很長的路要走，但誰要負重跨出第一步？這一步遲遲未跨出，因時機尚未成熟。

「國家劇院表演結束後，回到部落，我們一直在想，要怎麼振興文化，怎麼辦，文化要復振，要會寫，要有字啊！但我們沒有字。」族人都有這個念頭，但怎麼做，凡事起頭難。游仁貴說：「我等了兩年呢！但沒有人啊，都沒有人出來帶動。你沒有帶動，那付出的努力還不是又白費了，文化還是會消失啊。」國家劇院演出聖貝祭的漣漪，眼看著就要隨著時間的擴散而停止了，餘波並沒有因此盪漾。

「哇！糟糕，我就緊張了，我就開始動了！」游仁貴等不及了，想自己先做點什麼。

貴人相助，一拍即合

這時來了位貴人，就是靜宜大學副教授蔡恪恕，這老外想要研究拉阿魯哇族文化，跑到部落來找游仁貴，兩人一拍即合，游仁貴教蔡恪恕拉阿魯哇語，蔡恪恕則回報游仁貴以羅馬拼音。

「好啊！我說，歡迎來研究……」那已是二十一年前，一九九六年的事了，游仁貴回憶，當時蔡恪恕想到部落研究阿魯哇族文化，他把握良機，回應：「但是你要教我那個羅馬字！」看來好像兩人以此為交換條件，其實是游仁貴具有好學精神，逮住了這對族語而言千載難逢的好機會，學會了羅馬拼音。這水到渠成的一步，讓拉阿魯哇語首度擁有書寫符號。

兩人互動良好，亦師亦友，學了一年以後，游仁貴開始有辦法以羅馬拼音將族語、神話、歌謠、故事等，整理紀錄下來。

直到現在，游仁貴依然受用無窮，只要腦海中浮現任何旋律，他都會輕輕哼唱著，打開他的小筆電，移動他長年務農而粗糙的手指，使用他的「二指神功」，在相對小巧的鍵盤上慢慢的、一鍵一鍵的敲打，輸入拼音符號，把口語的、記憶的，變成文字的紀錄。

「這真是再好不過的工具了！」筆電和羅馬拼音是游仁貴晚年傳承文化的兩大法寶，不過他也因此吃足苦頭。

羅馬拼音和電腦對他而言都是陌生的，都要重新學習過，尤其小筆電螢幕上的蟹形文字，密密麻麻的像小蟲般蠕動，年輕人來看都必須仔細了，何況已過耳順之年的老人家，更倍感吃力。

游仁貴一九四八年生，今年（二〇一七年）已七十歲了，羅馬字整整陪他奮鬥超過二十個年頭。

「其實爸爸出過車禍，那時他的右臉受傷，損及視力，平衡感不好，加上身體健康又有些問題，所以他在學這些的時候，真的是非常辛苦！」二女兒游淑萍不捨的說。

「我的眼睛就是這樣搞壞了！做辭典的時候——現在度數越來越深！」戴著老花眼鏡，游仁貴再怎麼也沒有料到自己的人生會走到這一天，終日哈在桌前與電腦為伍。

只有國小畢業學歷的他，不要說電腦輸入，之前連電腦都沒摸過，但為了族群語言文化的傳承，說什麼都得咬緊牙關，一切從頭學起，傷了視力也在所不惜。

2 貝神派來的助手：蔡恪恕神父

踏著台灣原住民文化復振漣漪而來的蔡恪恕，雖是天主教神父，但彷彿貝神派來的助手，匈牙利出生長大的他，擁有奧地利國籍，頂著德國波昂大學語言學博士頭銜來台任教。

他來台契機，要溯及一九八七年，輔仁大學外語學院院長 DR.Edvargo 透過教會引薦，邀請他來台灣教書，時值壯年的他正在東歐研究，是位精通多國語言的語言學家，中文當然難不倒他，而「台灣」這個同樣使用中文、他一度以為同屬中國的陌生島嶼，竟深深吸引他，他立即放下手頭工作，遠渡重洋，欣赴挑戰。

後來他才知道台灣是個民主自由國度，與中國不同。而台灣多元豐富的文化環境和熱情友善的民風，也讓他樂不思「歐」，渾然忘歸，一待就是快二十年，直到二〇〇七年才受聘至香港理工

△頂樓加蓋的「鐵厝」，是游仁貴與時間的戰場，眼前這電腦螢幕是幫他顯現古老族語拼音，也是折磨他眼睛的利器。曾因車禍受傷的眼睛，努力從混濁中澄清沉澱出文字，每一字，每一句都無比重要。而光打出 Hla'alua 這幾個英文字母，就是游仁貴最大的驕傲！

大學任教。

有語言天賦的他，在台灣如魚得水！輔大任教期間，蔡恪恕充分了解台灣像一個語言寶庫，幅員如此狹小卻擁有多達二十餘種語言、四十八種方言，語言密度、多樣性與豐富性，全球絕無僅有，讓他如獲至寶。

Edvargo 院長還告訴他，台灣是南島語系發源地，但有些原住民語言瀕危，台灣學者研究關注的還不夠，希望他發揮語言學家應有的責任，協助原住民保存瀕臨失傳語言。

蔡恪恕神父拼寫拉阿魯哇

如此重任，一般人可能覺得沉重，但蔡恪恕給人的感受是遊刃有餘，在輔大、靜宜、東華及政大等校任教之餘，他從一輛機車開始克難的展開台灣山林部落之旅，跋山涉水、翻山越嶺，有時山路不通需徒步而行，一走就是好幾個小時，才能抵達部落。

就這樣，一步一腳印，蔡恪恕成了原住民的好朋友，他最先結交的是鄒族，從北鄒到南鄒。他發現兩者語言不同，在文法、造句上也南轅北轍，無法溝通，在語言學分類上應該屬於兩種語言才對。這樣的看法雖非創新，但蔡恪恕接下來做的，則超越了過往學者；他在部落原住民協助下，著手鄒族字典、文法書、民間故事與母語教材採集編纂。

他以幾近苦行僧方式，一句句錄下部落長老說的話（鄒語），再以羅馬拼音的方式一字字拼寫出來；然後請部落中懂得中文與族語的族人，逐字逐句覆誦已符號化的拼音給長老聽，確認拼音無誤後，再由長老解釋字句含意，並對照族語與中文含意，再次準確無誤後，才逐條輸入電腦紀錄，並進行分析比對，然後不斷的回饋修正，直到完美。

說來容易，但實務上相當麻煩，因為即使同屬一族，部落不同，每位耆老的口音、音調並不一致，加上中文解釋有出入，以及句型、文法根本結構上的差異，往往完成隻字片語已大半天，過程艱辛，進度緩慢。

完成北鄒（嘉義阿里山）任務，蔡恪行腳往南，到訪南鄒（時為高雄縣桃源鄉、三民鄉——現在的那瑪夏）的拉阿魯哇和卡那卡那富；在與部落頭目及耆老充分溝通後，時稱「沙阿魯阿語」部分，由余中清頭目、游仁貴長老與他合作，將辛苦蒐集的口頭資料羅馬拼音化，編纂成沙阿魯阿語的首部辭典與文法書。

這本由行政院原住民族委員會委託執行的《原住民族語料與詞彙彙編：南鄒沙阿魯阿語》只是個起步，後續的運用才能活化它，否則只是堆在書架上而已。

所以，在原住民族委員會的計畫下，結合教育部推動九年一貫母語教育，並與政治大學原住民族研究中心合作，進行族語認證教材的編寫；後續才有了族語書面（含光碟）及網路E化教材，先培養族語種子教師，再由部落青年擔任族語教師，正式在學校體制中教導部落下一代學習族語，以實際行動挽救瀕臨的拉阿魯哇語，影響及成效極大。

3 眾人合力，教材完備

這是合眾人之力成果，絕非一人能力所及。從目前已出齊九套（階）的族語學習手冊、教師手冊來看，參與的族人相當多，官方及學界的計劃推動更是主力。

第一套是二〇〇九年七月教育部出版的《沙阿魯阿鄒語學習手冊第一階》及《沙阿魯阿鄒語教師手冊第一階》，當時仍未正名，故稱「沙阿魯阿鄒語」。

這套教材係教育部委託語言學者組成原住民各族群課程大綱與教材細目編輯小組來規劃執行，依教育部國民中小學九年一貫課程綱要／語文學習領域／原住民族語之基本理念及課程目標，做為族語教材編寫編輯之依據。

從二〇〇九年進行到二〇一六年，這套教材共計完成九階，每階教材均包含學習手冊及教師手冊各一本。七年來，參與的學者及族人眾多，包括：蔡恪恕、游仁貴、石唐里金、余中清、洪英雄、葛新雄、謝垂耀、謝瑞和、瑁瑁．瑪邵、廖水生、余美女、歐玉桃、余美珠等。

二〇一四年六月二十六日獲官方正名為台灣原住民族第十五族後，二〇一六年八月出版的第七階至第九階教材，均由原本的「沙阿魯阿鄒語」，改名為「拉阿魯哇語」。

透過這套教材，不僅紀錄了族語拼音，也永久保留了族人的聲音，讓拉阿魯哇的世世代代可以聆聽，學習與傳承。原住民族委員會也進一步將拉阿魯哇語納入「原住民族語言線上詞典」，提供更方便的開放學習資源。

此外，族語E化教材也如火如荼的持續製作中，由原住民族委員會族語數位中心設計製作的「族語E樂園」，內含學習拉阿魯哇語的各種材料，包括前述九階教材、字母篇、國中及高中句型篇、歌謠篇、生活會話篇、圖畫故事篇、閱讀書寫篇等，不僅內容豐富，呈現方式有文字、聲音、圖畫、影像、動畫等也相當生動活潑。

網站除了將紙本教材全面E化、影音化，最棒的是還有影音中心、繪本平台、動畫平台、空中族語教室等多媒體教材，以及「點點樂」互動式教材、線上遊戲、族語詞典等教學資源。

這些教育資源全都對外開放，不管是老師學生、教或學、本族或他族，都可以靈活而循序漸進的親近拉阿魯哇的語言與文化。

4 兒歌滿山飄：唱出拉阿魯哇童謠

tʉtʉtʉn tavaru tʉtʉtʉn tavaru

（捏手背呀！捏手背呀！）

tʉtʉtʉn tavaru tʉtʉtʉn tavaru

（捏手背呀！捏手背呀！）

kulukulukulu

（搔癢～～～）

小女孩穿戴美麗族服，在山上習習涼風中歌唱。山風吹得她身上的彩帶與羽飾飄動，歌聲也在山谷中盪漾。天籟啊！連身後一棵老菩提也聽得滿身綠葉抖動。

這首拉阿魯哇童謠「arupatia tʉtʉtʉn（捏手背歌）」，由「空中族語教室—唱歌學族語」單元錄製。族語老師游枝潔在教學影片中，還特別抱

△媽媽的歌，唱給拉阿魯哇的孩子聽，未來孩子也會一代代的傳承下去，像一束束引燃的芒草桿，薪火不滅。老人家把語言、歌曲和舞蹈，都慢慢找回來了，透過族語教師和沉浸式的學校教育，最重要的是配合家庭教育和部落氛圍，讓孩子已能開口唱自己的歌，歌聲滿山飄。

著一位小助教，母女同台玩起「捏手背」遊戲。

我們來聽一首歌，這首歌很短唷，而且非常有趣，是一首遊戲的歌曲；老師請了一位小助教，教大家怎麼玩，請大家一起唸歌詞，小朋友學會之後可以跟朋友一起玩喔——怎麼樣？這首歌是不是很好玩啊？

小女孩跟著媽媽玩起「捏手背」遊戲，tavaru其實是「斑鳩」的意思，以捏手背來代替捏斑鳩，雙手摸擬斑鳩展翅，之後是一陣搔癢，小女孩樂不可支，笑得好燦爛，甜美的笑容融化人心。

拉阿魯哇童謠，包括「數字歌」、「螃蟹歌」、「抓蜻蜓」、「數字歌」、「搖籃歌」等，以及卡通動畫等教材，都在游仁貴老師指導協助下拍製，影音教材既保存了文化，又讓師生可以看著影片邊唱邊學，成了最好的族語教材。

媽媽的歌，拉阿魯哇搖籃曲

kumakikita ina'ana hlitaanguraisa mamaini

（媽媽看著孩子成長）

maaniki ariari mi'arahlasʉ masasangarʉa tʉkʉisa

（雖然每天都很辛苦，但她卻非常快樂）

這首「vulaihli ina'a 媽媽的眼睛」，充滿母愛旋律，溫暖動人。

想像著，有個小小拉阿魯哇依偎母親懷裡。晚飯後，一家人在客廳邊看電視邊閒聊著。孩子睡了，烏黑頭髮像 hlasʉnga 的深山密林，長長睫毛下眼珠轉著甜甜的夢，塔羅留溪照映滿天星斗。

母親把電視關掉，歌聲潺潺而出，是「媽媽的眼睛」，歌詞簡短，母親連唱了兩回，歌聲因激動而顫抖。

「好久沒唱，都快給它忘了說！」母親略帶尷尬的對父親說。

家裡一向講國語，睡夢中的小小拉阿魯哇彷彿回應呼喚般抽動了一下小小的身軀。是突然聽見母親唱起聽不懂的兒歌，卻又這麼溫柔，如此觸動肺腑，才會感應到的吧。孩子又陷入更深更甜美的眠夢中了，小小山羌仔胸膛微微起伏，安心無憂。

總有一天，拉阿魯哇的新手父母會哼唱自己的兒歌給孩子聽，教孩子跳自己的舞蹈，然後驕傲的告訴兒女：「這才是我們拉阿魯哇的歌舞哪！」

父母深情對望，夫妻相視而笑，一起告訴孩子，你要學會，好唱給你以後的兒女聽，讓我們的聲音一直傳承下去。此情此景必將到來。父母親拉著子女，全家人一起歌唱跳舞。部落裡家戶相傳，族人都在傳唱練習，為即將到來的祭儀做準備。

5 神話讓故事永不結束

遠古時代有發生過一次大洪水。有一天忽然出現一條巨大的鰻魚，橫躺在大河流出口處，水就慢慢的漲起來了，淹沒了整個山區，害得所有族人和動物分別跑到兩座最高的山頂上避難。

沒有火我們怎麼辦？祖先們很難過又緊張，大家抱著無望的心情就坐了下來，有一位長輩忽然看見一隻蒼蠅停在面前樹幹上，蒼蠅兩隻手在反覆搓揉，這位前輩很聰明，就折斷樹枝模仿蒼蠅往乾的木材鑽，忽然間起了火，大家都很高興的大聲歡呼。

在另一座山的族人看見這裡冒起煙來就很羨慕，便請山羊去取火，山羊到了後就用自己的角引火，火溫很高，使得山羊的角受不了高溫而彎曲，火熄滅了，無法取回。

族人又請山羌去取火，山羌取到火後，趕緊游回去，游回途中山羌的角越燒越短，以至無法承受而浸泡滅火。

山羌回來時，族人們迎接牠，為表示謝意，每個人都撫摸牠，牠被摸得身體越來越小，然後耆老們祝福牠說，雖然你沒有取到火，但是我們祝福你，當你以後被人們獵到，再大鍋的湯，只要你一點點的肉，就可以使這鍋湯成為最美味的佳餚。

有隻黑鳥看到兩次的失敗，自願去取火，用牠的鳥喙與鳥爪銜住火把，過程中也把自己的鳥喙與鳥爪燒的紅紅的，然而牠成功的把火取回來了，族人非常高興，這座山終於也升起了火，耆老向大家宣布，此鳥為了取火把嘴腳都燒紅了，為表感謝，族人為牠取名為 arupiau（紅嘴黑鶇），以後不可以捕殺這種鳥，違反者家屋將會有火光之災，至今拉阿魯哇族仍守著這條禁忌①。

拉阿魯哇族開始整理自己的口傳文學，化為文字，以利保存、流傳和推廣。口傳文學的種類包括神話、傳說和民間故事，具有信仰、教化、娛樂等功能，是先人集體的智慧結晶和精神傳承。

在田野調查、耆老口述之下，拉阿魯哇族的口傳文學資料庫建立起來，其與各族不同的文化獨特性也可從口傳文學中看出來，最要緊的是推廣活用，讓口傳文學可以再度口傳，成為父母講給兒女聽的床邊故事，而非只是印成文字，沒有生命力的紙本。

從小在都市長大的我，每一年都在期待暑假的到來，就可以回到山上的奶奶家住。在那裏，有許多新鮮事物等著去體驗。

山上是藏寶之處、奶奶是大自然的博士。尤其我最喜歡聽奶奶說 Hla'alua 的故事，其中有兩個故事印象最深刻，影響我最深。

第一個是「人類受苦的由來」……第二個是我最喜歡的故事，很久以前人與小矮人曾經同住在 hlasʉnga 這個地方，而貝神是小矮人的法寶物……

原來我們的文化是那麼有趣且充滿智慧的。奶奶那裡還有許多寶藏等著去發掘，今年暑假我還要再回山上去。②

拉阿魯哇的年輕學子從長輩那裡聽到了屬於他們自己族群的神話故事，並以族語親手寫下自己的心得感想，驕傲的說，山上是藏寶之處、奶奶是大自然的博士，最喜歡聽奶奶說拉阿魯哇的故事；這些故事不僅教導他做人做事的道理，也讓他發現原來我們的文化是那麼有趣且充滿智慧的。

族群文化的歸屬與認同，就這樣在故事的傳說中潛移默化了。

拉阿魯哇慢慢找回自己的歌謠、神話、傳說和民間故事，這些自遠古圍著篝火、臥榻一代代流傳的，從祖父母的祖父母……開始講起的，讓兒

△刺豬祭，是聖貝祭的儀式之一。將狩獵到的山豬（目前以飼養豬代替），由族中勇士縛綁，抬至祭儀場；再由主祭以弓箭進行象徵式的射殺，輔以勇士持槍矛威壓；最後以尖刀斃命，並割下豬頭，完成儀式，豬肉則由族人分享共食，是拉阿魯哇狩獵文化的展現。

輩、子孫輩仰頭，努力張大惺忪睡眼，再怎麼睏也不想漏聽的古老故事，都一則則的追憶、紀錄下來，可以讓拉阿魯哇所有世世代代，如數家珍的再講下去，而且據以隨興增減創作，直到一千零一夜，薪火不熄，故事永遠不會有結束的時候。

拒絕在自己的土地上流浪

我們拒絕在歷史裡流浪，請先記下我們的神話與傳統，如果有一天，我們要停止在自己的土地上流浪，請先恢復我們的姓名與尊嚴③！

這話多麼令人動容！族人認為，族群正名讓大家知道他們是拉阿魯哇族，讓他們有機會傳承自己的語言文化，接下來必須恢復自己的神話與傳統、姓名及尊嚴。

然後，年輕學子學會以族語寫下他們第一次參加貝神祭的感想，「穿上母親為我準備的傳統服裝，父親跟我說鮮紅色的上衣是代表我們勇猛善戰……上面繡著貝殼是代表我們對貝神的懷念」，內心充滿孺慕之情；接著，年輕人一起學唱拉阿魯哇歌謠，歌聲歡樂飛揚：

青年們，我們難得碰面，一起來唱歌吧！

……

兄弟們，我們來唱歌吧！

酒甕已乾了，酒怎麼會乾呢？

另從石縫湧出的酒更像水一樣清！

兄弟們，我們一起來唱歌吧，

我們將要分開了④！

年輕人並展現自信，以族語寫下〈我美麗的故鄉〉：

我住的部落有兩個名字，我們 ha'alua 叫做 ruhucu，布農人叫做 haising，是個非常美麗的地方。我很愛我的部落，因為那裡有青翠的高山和清澈的小溪，讓人心曠神怡。也有著名的塔羅留溪風景區與茂濃溫泉，可以讓人欣賞風景和享受大自然。

因為這裡有好吃、好喝、好玩的事物一路陪伴我成長，讓我有快樂的童年；更因為有我愛的人住在部落，讓我時時刻刻都感到溫暖，所以我覺得沒有別的地方比這兒好……⑤

我們看到了拉阿魯哇年輕世代的族群認同與地方認同，在愛與文化的滋潤下，開展得多麼從容、喜悅。在體制內外持續教育學習下，學生慢慢有了族語聽說讀寫的能力，逐漸認識自己的文化與部落，傳承有了初步績效，這些感人的文章，全文都是學生以拉阿魯哇語羅馬拼音寫成，既展現了他們學習族語的成果，也強化了他們對部落與族群文化的認同。

①引自《為名而戰：拉阿魯哇族、卡那卡那富族》，高雄市政府原住民事務委員會出版，2015 年，頁 25-27。

②摘自原住民族委員會族語數位中心「族語 e 樂園—閱讀書寫篇—記憶中的奶奶」http://web.klokah.tw/extension/rd_practice/index.php?d=37&l=26&view=article。

③摘自原住民族委員會族語數位中心「族語 e 樂園—閱讀書寫篇—恢復我們的姓名」http://web.klokah.tw/extension/rd_practice/index.php?d=37&l=7&view=article。

④摘自原住民族委員會族語數位中心「族語 e 樂園—閱讀書寫篇—歡笑歌」http://web.klokah.tw/extension/rd_practice/index.php?d=37&l=19&view=article。

⑤摘自原住民族委員會族語數位中心「族語 e 樂園—閱讀書寫篇—我美麗的故鄉」http://web.klokah.tw/extension/rd_practice/index.php?d=37&l=15&view=article。

七貝：接棒！拉阿魯哇勇敢的女兒

1 父親的榜樣，女兒牢記

「父親常說，語言是最重要的！失去語言就會失去文化！」

游枝潔（Vanau Savangtana）說，這不僅是父親心中急切的危機感，也幾乎是所有拉阿魯哇族人的看法。

游枝潔是游仁貴的大女兒，目前在興中國小擔任拉阿魯哇族母語教師。游仁貴有五個孩子，大女兒游枝潔回到山上部落教族語，二女兒游淑萍也是族語教師，在高雄市區鼓山、九如、中正國小及五福國中等校教拉阿魯哇族母語，為生活於都市中的拉阿魯哇族學生服務，那裡的情勢更險峻，傳承更不容易。

「我們有學生在市區讀書，過去沒有學習母語的機會，現在有了，雖然晚了點，但是很好的開始。」游仁貴因老邁而日漸混濁的眼珠，仍閃現光芒。

「以前學校母語是我在教的，現在年紀比較大了，就給我大女兒、二女兒去教！」薪傳有人，而且是自己的女兒繼承衣缽，游仁貴非常欣慰。

但做女兒的卻有點心疼與慚愧。

「我們五個小孩以前從來不知道自己父親做的工作原來有那麼重要，只覺得父親很辛苦，但心裡不甚明白意義何在……」游枝潔望向北方排剪山回憶著說：「……直到許多外面的人都來找他，政府官員、學者專家、媒體記者都來訪問他、記錄他，才明瞭拉阿魯哇族因為父親長年努力不懈的奔走耕耘，終於獲得了肯定。」

山一直屹立不搖，只是雲霧時而纏繞不散。

「看到父親的工作量越來越龐大，看著父親身影一日日衰老，我們做子女的內心十分不捨。」早春的山嵐籠罩，溼霧瀰漫校園、部落，天氣乍暖還寒，風仍料峭。

母語的傳承，曾經四面楚歌

游仁貴勞累的身影是子女心中的痛，為了減輕父親的負擔，也因了解並認同了父親復振拉阿魯哇族母語與文化的重要性，子女們開始從旁協助，成為游仁貴背後重要的支持力量。

除了枝潔、淑萍是專職的族語教師，任職高雄中鋼的老四游志平也會找時間回來幫忙整理游仁貴堆積如山的文史資料。而一家人的感情也因為有共同奮鬥的目標而更加融洽緊密。但是，他們也在傳承的過程中，親自體驗到這有多不容易，父親的急切與執著，他們遂都能懂。

拉阿魯哇族母語的傳承，曾經四面楚歌，因老一代逐漸凋零，會流利講母語的老人家越來越少，而中生代長久住在與布農族混居的生活圈，加上兩族普遍的通婚現象，人數居多、文化強勢的布農族語居於上風，中壯輩拉阿魯哇族會講布農族語，反而不太會講自己的母語。

「父母親自己都不太會講了，何況小孩！即使有心，也不會教、不知道怎麼教。只好靠學校的母語教學，但孩子在學校學了些，回到家裡和部落日常生活中又用不到，還是講國語和布農族語，結果又忘得差不多了。」游枝潔語帶無奈。

不過，對游枝潔而言，長時間且近距離的追隨父親，親自看到、感受父親經歷的一切，她內心深處比其他妹妹弟弟多了個痛點，一直未消。

山上每逢春寒就是一年一度聖貝祭的時候，散居各地的族人如候鳥般歸來，回部落參與祭典，山上也湧入大批遊客。

父親又要開始忙了，而且是整個祭典中的靈魂人物，主導著聖貝祭運作的關鍵任務。游枝潔和許多投入族群文化復振工作的核心族人也都跟著動起來。

往昔父親疏遠沉默的背影，如今變成正面專注的形象與引導的力量，面對她、面向族人，也面對所有回部落的族人和上山的遊客，述說著拉阿魯哇族的文化與歷史。

這一切看來，再自然不過，但只有游枝潔了解，父親今天地位的建立與確立，有多麼辛苦，多麼不容易。

很多事情看在眼裡，卻難以說分明。成為拉阿魯哇族最重要祭典——聖貝祭的「敘述者」、「主述者」，也幾乎是整個拉阿魯哇族文化對內對外最重要、也是最主要的敘述者；游仁貴的代表性何在，部落裡並非沒有雜音。

總是會有閒言閒語，忌妒也好，眼紅也罷，沒有消停的時候。

面對這些背地裡、私底下、心裡頭的「什麼」，游仁貴不是不知道，許多族人也相當為他感到氣憤不平，但既然不是公開的質疑與挑戰，也就沒什麼好費力勞神辯解的。何況又有誰能比「游長老」更懂、更了解拉阿魯哇族的語言、文化與祭典內容。

2 承擔：把事做好最重要

拉阿魯哇族正名，站穩腳步後，「我覺得每個人的心——大家一直在吵、大家都想搶功……」游枝潔不諱言。

「像現在大家都在講說，當初拉阿魯哇族為什麼會起來？大家都說，要不是我的誰怎樣怎樣、要不是我的誰如何如何……拉阿魯哇會起來嗎？要不然就是說，大家都在為拉阿魯哇做事，不管是辦活動或寫東西……」她說。

認真做事的人反而受到攻擊，是因為伴隨正名而來的名位與利益吧。「對！就眼紅啊！像在什麼公開活動場合，聽到什麼重要人物講到我爸爸姓名時，就會不舒服……甚至會說他是客家人又不是我們拉阿魯哇人，諸如此類的，很傷人。」

「我覺得這背後攸關的事情很多，但我爸爸就是只想把事做好，不想聽其他有的沒的聲音，他

△父親是游枝潔最好的榜樣。

△拉阿魯哇的女兒笑逐顏開，圖中為游枝潔。

△游仁貴的大女兒游枝潔（右），是興中國小的拉阿魯哇族語教師。長年跟在父親身邊學習，深刻體認族群語言文化的瀕危，看到父親肩上的沉重負擔，她毅然投身，為父親分勞解憂，也傳承深耕部落文化。更特別的是，身為拉阿魯哇的女兒，游枝潔以無比勇氣超越男女分際的族群文化傳統，鼓舞更多女性加入復振的行列。

不想為一些閒言閒語分心……我爸爸總是默默承受——」游枝潔難過、不捨！為父親抱不平。特別是對照父親一路走來的堅定，與無所企求的奉獻，他無辯無駁的承受的落寞心情更叫她心痛。

「所以他的壓力不只來自族群語言文化傳承志業的重擔，還來自於這些風風雨雨——被人家這樣講。幸好，父親身體力行，大家都看在眼裡，也感召了許多族人，慢慢有幾個跟隨者之後，大家向心力比較凝聚，後來只要有人聽到這類雜音，大家就會幫忙反駁，會有人幫他講話。所以現在情況有好一點了！」

「但為族人做這麼多，還被人這樣講，父親難免還是有委曲，會受傷的……」游枝潔分析這些雜音大抵來自他父親同輩，年輕族人反而比較信服父親。

她說：「面對質疑或不服，我父親曾說，我們拉阿魯哇的語言和文化這麼多又豐富，現在失落了，要把它找回來。如果你們真的知道的話，你們可以來幫我一起做，我一個人做很累的，我很想把這個工作丟掉了……」當然，這是父親的氣話，游枝潔認為父親始終是放不下的；但他希望有人來幫忙，越多越多，最好大家一起來參與，集思廣益！

可惜，大家都把自己的語言文化遺忘太久了，各種祭典怎麼進行，舞蹈怎麼跳，歌曲怎麼唱，都忘得差不多了。「真的需要分攤、幫忙時，許多人就都後退了，最後還是我爸爸自己來。」游枝潔說：「就是因為這樣！我才更告訴我自己，我一定要回來。我也是一邊跟著爸爸做，一邊才知道，傳承這個東西，真的要有人接力做下去才行。」

這個貼心懂事的女兒，同時也是強悍的母親，從父親那邊學到的，就教給自己的兒子，搭起傳承的橋梁，要讓族語文化可以代代相傳。

3 接力，從教自己的孩子做起

採訪過程中，游枝潔兒子一下子跑過來纏著媽媽講話，一下子又跑走，像隻小麻雀到處吱喳跳躍，精力旺盛。前一刻還自己玩著，沒想到下一刻真和一群孩子抱了個樹上剛摘下的鳥巢跑過來，乾草織成的鳥巢裡還有小小幾顆鳥蛋和一隻幼雛。孩子們玩了一陣，失去興趣，就把鳥巢擱在桌上又跑去玩別的。

筆者很驚訝，游枝潔孩子小小年紀為何就能流利的使用母語和媽媽交談，而且一講就是一大長串。

「他很小、還是娃娃的時候，我就開始和他講母語，習慣了，長大以後，自然而然他就學會跟我講拉阿魯哇族語。」她強調，一出生就開始和孩子講母語了。

「媽媽！我是媽媽！」（jbiakuia nini'i）

「我第一句教他講的話就是這句。」

游枝潔先生是阿美族人，兩人已離異。雖然一個人帶孩子辛苦，但至少不必為了教孩子講拉阿魯哇族語或阿美族語而傷腦筋。她說，回到部落，以教母語為職，是自然而然的選擇，也是她自己的意思；況且孩子也有父母親幫忙帶，讓她輕鬆不少。

爸爸是客裔拉阿魯哇，媽媽是布農。關於族群認同的兩難，對游枝潔而言以乎不成問題。筆者以為她單純認同父親所認同的拉阿魯哇族，沒有認同布農，但其實不然。

「我沒有不認同布農！我有認同，我也是布農。我在媽媽這邊，我跟媽媽會講布農族的話，那我跟爸爸就用拉阿魯哇族語。」

對她來說，她既是拉阿魯哇，又是布農，根本沒有衝突，也不必抉擇。這種認同上的自在，展現在游枝潔等族人拉阿魯哇與布農的雙重認同上，讓刻板僵固的單一認同觀有鬆動調整的必要與可能。

以拉阿魯哇為主體的多元認同

游枝潔說，其實他爸爸、媽媽間的溝通也是如此。「他們兩個之間通常講布農語，我爸爸有時候會講拉阿魯哇，我媽媽聽得懂，也會講拉阿魯哇的話。」

「其實到我們這邊都被國語跟布農語化了！」游枝潔坦言，一般說來，拉阿魯哇的家庭裡（父母親其中之一為拉阿魯哇族的），大部份講的是布農語和國語，且以國語為主。

「布農族語雖相對拉阿魯哇族語強勢，但孩子也漸漸不懂布農語了！在學校都是講國語，回到家裡還是國語，少數比較具有族群意識的，才會教一點布農語，但也沒有像我們家這樣全程都用拉阿魯哇族語交談的。」游枝潔話中流露對日常家庭生活能堅定使用族語的自信與驕傲，這也是她兒子能流利說族語的原因。

游仁貴、游枝潔一家的經驗，讓人體悟，所謂血統、語言、文化與認同的關係，都是要在生活中實踐才能賦予意義的，否則只是無用的空談，無異於掛在牆上結網的證書和收在皮夾裡的身分證，發揮不了作用。

視場合及對象，講拉阿魯哇語、布農語、國語。像接受筆者採訪時，講國語；兒子一跑過來，就講拉阿魯哇語；對布農小孩，則轉換成布農語；對兩種族語都不太懂的拉阿魯哇和布農，就又講國語。

語言運用流轉無礙，也能充分了解並認同兩族的文化，但主體性仍建立在拉阿魯哇族上，是從拉阿魯哇族的位置上去發聲的。功能多元，但主體的形式及內蘊是以拉阿魯哇族為中心的，這點沒錯。

雖然，這樣的主體性是建構出來的——由父輩到她這一輩，由整個族群的文化復振氛圍與歷史條件的成熟化而逐步建構出來的。就好比她對父親肩扛背負重擔的理解、分擔與同行般，她融入了這隊伍、這長流。充滿信心的拉阿魯哇族主體性實踐履踐了可以超越（兼容）血統與語言的認同——一種以拉阿魯哇族為主體的多元認同。

這種複數而非單一的認同，在拉阿魯哇族不論血統、語言或文化都有混同現象的生活現況下，非常重要。

亦即，不管身上混了哪些（拉阿魯哇、布農、漢人——客家、閩南、外省……甚至各國新移民等），都可以參與實踐以拉阿魯哇族為主體的多元認同，加入拉阿魯哇文化復振的陣容。

這是加法，而非減法的認同，擴而大之，除了原住民法定身分的認定外（基於原住民身分法規定），也可以用於爭取其他族群的文化了解與認同，有利於拉阿魯哇族的文化復振。

△游枝潔不僅教自己小孩，也教部落的孩子講族語。

△游枝潔的兒子活潑好動，媽媽從小就教他講族語。

△如何教自己的孩子，對拉阿魯哇的母親而言，往往從一開始就是個艱難的抉擇。如果孩子父親是不同的族群，機會可能消失，即便父方、婆家同意了，也得母親會講拉阿魯哇語才能教。而一個更根本的問題，如果孩子不能歸於拉阿魯哇，那麼這支人數稀少的族群，不僅當下人數未增，未來族群人數的減損更將接踵而至。

4 夏日學校：用力吸水的小海棉

盛夏的校園中，蟬鳴如鼓，正午的太陽曬得草葉水份蒸騰，紛紛垂蔫了頭。拉阿魯哇夏日學校開辦，下課時間，校園彷彿燒開了的水；即使是上課時間，在遊戲帶動下，孩子的喧鬧聲也比戶外的蟬鳴亮，笑聲比校園裡的菩提葉還密。

營隊活動召集部落和都市回來的孩子一起接受族語教育，屬夏令營性質，為期一週。好在有大哥哥大姐姐當助教，幫助老師控住場面，否則孩子彷彿有用不完的精力，上起什麼課都像體育課團康活動似的，大禮堂台上台下到處演出奔跑跳碰的喜劇戲碼，笑聲直要掀翻屋頂，老師恐怕早就累翻了。喧騰熱鬧了一個上午的教學活動好不容易結束，用完中餐後的午休時間，學生才在老師要求下勉強趴在桌子上睡覺，校園一下子安靜下來。

孩子們精神好，學習能力正強，像塊吸水性極強的乾燥海棉，給他什麼，一下子就吸得乾乾淨淨。夏日學校澆灌孩子們的學習熱情，也讓同儕之間有難得的相處機會，營造一個營養豐富的培養皿，讓下一代拉阿魯哇族建立「我群感」。

可惜歡樂的時光總是短暫，時間限制下能教的有限，營隊活動固然帶給孩子交流、歡樂和族語文化學習的機會；但活動過後，多數孩子也忘得很快，像放在太陽下曝曬的海棉，如果不及時補充，再多的水份也會蒸發曬乾。

學習最怕像夏日的午後雷陣雨，來得快去得也快。

中間世代，族語及文化斷層

營隊族語教師余淑華和游枝潔都認為，家庭教育比營隊學習重要，因為營隊活動為期短暫，如果回去以後，家庭或部落社區裡沒有提供族語對話練習的環境和機會，孩子們很快就會忘了。

說族語的，像她大伯可以，她爸爸應該還可以，游仁貴老師同輩的長輩們，也不是人人都能聽和說族語有點古老，她就聽不懂了。她說，即使和枝潔老師講的族語她還聽得懂，但游仁貴老師講還不行；她跟游枝潔老師可能還可以對話，因為雖聽得懂族語，但要跟耆老完全以族語交談可能的講和對話可能也沒辦法。她進一步解釋，自己中國小幼兒園族語教師，聽是OK，但要流利聽和說都還OK。余淑華說，即使自己身為興

對於目前族人講族語的情況，游枝潔說老一輩

父母如何教孩子，是決定性的因素，也比較有長期效果。美族語却都不會講……」游枝潔認為家庭教育，的孩子拉阿魯哇族語講成這樣（流利），結果阿子），像我來講，如果我還沒有離婚的話……我很少是單一拉阿魯哇跟拉阿魯哇（指丈夫和妻的挑戰，因為我們拉阿魯哇家庭族群是多元的，「我覺得族語教育現階段仍很困難，面臨很大

但他們兩人就無法像游仁貴老師一樣具有讀寫族語（文字化、羅馬拼音）的能力了。

長輩都如此了，做為中間世代的游枝潔、余淑華這一代的拉阿魯哇，更有族語及文化斷層的現象，非常不利於在學校接受族語教育的小孩回家後的家庭教育，這是拉阿魯哇族語教育問題的關鍵所在！

5 族語教育從家庭做起：說爸爸、還是媽媽的話

「我覺得一定要激起族人的族群意識，他們意識沒有起來的話，學校再怎麼推，夏令營再怎麼推，過了就算了，就變成孩子們只是來這裡玩……其實不管怎樣，語言還是要從家庭開始。」游枝潔態度篤定的說。

「為什麼沒辦法讓孩子在家裡學習自己的母

語，講自己的話？有時真的是環境所迫！」游枝潔充分同理那種有心無力的感覺，因為她自己是過來人。

「即使有心教，像我如果沒有離婚的話，我老公是阿美族，我是拉阿魯哇族，我做媳婦的，我要講阿美語、還是拉阿魯哇語？要教孩子阿美語、還是拉阿魯哇語？」游枝潔點出家庭族語傳承的困境，往往來自拉阿魯哇族人處身多元族群家庭的現象，這正是許多族人共同面臨的。特別是對拉阿魯哇女姓而言，在父系部落社會中，更難擁有讓自己的孩子接受什麼母語教育的決定權。家裡的強勢語言仍在父方，做媽媽的只能順從，讓孩子說爸爸的話。

「教小孩子學習母語之初，夾在阿美、布農和拉阿魯哇之間，我很為難，我公公婆婆和爸爸媽媽這樣多元的族群背景，我沒有辦法處理，還好當初有跟老公講好，讓小孩子先學我們的話（拉阿魯哇語）。但其實那個時候，我公公就很不認同我的做法，這樣我就變得很為難……」

「但我的個性就是比較白目一點啦！不管啦！我就是要讓我的孩子學我的話——還好離異了，所以我沒差。」游枝潔其實不是白目，是勇敢，勇於做自己。

游枝潔說，像她這樣的例子，在其他家庭也會碰到，如果拉阿魯哇族不是很強勢，處於父系社會，媽媽的母語常常會因為嫁進布農、漢人或是其他族群的家庭，母語的傳承就斷掉了。

家庭教育配合學校教育，效果更好

但換個角度想，其實孩子誕生在多元族群的家庭，反而比別人可以擁有多種語言文化資源。游枝潔說，山上就有幾個這樣的例子，孩子布農語和拉阿魯哇語都講得好。

但她認為，這主要歸功於興中國小採沉浸式拉阿魯哇母語教學，孩子本來就會說布農語，之後

△衣裾飄飄，拉阿魯哇的女兒美麗又勇敢。

△大竹筒裡裝的是族人自釀的小米酒，為聖貝祭中，敬神祭祖不可或缺的祭品，也是族人於祭典進行中及祭典後飲用，以消除長時間祭儀疲累，提振精神及分享酣飲歡樂的必須品。

也學會了拉阿魯哇語。她強調，兩種語言都學，並不會造成孩子混淆，家庭教育如果能配合學校教育的話，效果會更好。

拉阿魯哇語言傳承、文化復振之路，如果以三代舉例，游仁貴等部落耆老領頭走在前面，後面跟著一群年輕人，中間像郭基鼎校長、族語教師游枝潔、余淑華這一輩就扮演中繼傳承的關鍵角色——他們有沒有族群意識、是否有心接棒下去，有無教導並鼓勵讓孩子去學？還是在中間這一代就斷掉、垮掉，就此讓隊伍消散？

興中國小所處台地下方，就是滾滾茫濃溪水，遠方極目盛綠。夏日芒草繁殖的速度飛快，稍不留心，季節已悄悄掩蓋耳朵眼睛，超過成人身高。風搖草尖，四面八方、漫漫渺渺，遮斷去路，也覆蓋了來時路。

溪水以永恆的枯榮，歲月以不朽的滄桑，曾幾度迷失、打散拉阿魯哇的隊伍。如今族人再度群聚，腳下立足踏實的鵝卵石，已小有基礎，但也還危危顫顫，拉阿魯哇族人如何在下一次溪水暴漲時，扎根站穩，不隨濁流滾滾而去？

6 現實困境與接棒勇氣

好聽的話，場面話，誰都會講，但拉阿魯哇人很清楚，他們的問題在哪裡——現實，對，是現實。現實的困境正是來自現實。一支只剩三百多人的族群隊伍，要怎麼樣壯大興旺？中間這一輩忙於工作生計，有心無力，自己都不會講族語了，也沒有心力去學，何況教小孩。然後跟布農通婚的，認同布農去了；跟漢人通婚的，認同漢人去了，族群人數可能會越來越少。

拉阿魯哇接棒的女兒們，因此格外辛苦，苦於紮根，苦於傳承，苦於工作養家，苦於在兩代間交接棒——但，中間這一棒可千萬不能掉了……

其實游枝潔想得更深。

做為拉阿魯哇接棒的女兒，比起男性，在傳承接棒上，她意外承受了來自父系社會的壓力——或說得正式點，是針對女性的「禁忌」。很多祭儀場合，拉阿魯哇的女兒進不去，進不去就無法學習，而無法學習就無法傳承了。這對接棒之心熱切的游枝潔而言，是嚴重的限制與打擊。

一心想接父親文化傳承的棒子，但游枝潔並非游仁貴的理想人選，這不是因為她學不會，而是只因她是個女生。

「他覺得應該傳承給男生——我爸爸老番顛，他很固執的。」

滿心希望父親交棒給她的游枝潔形容父親「鐵齒」，什麼年代了還有重男輕女的陋習，只想交棒給兒子。游枝潔的弟弟放不下都市工作，只能偶而回來幫忙，接棒的意願不高。「我爸爸也拿他沒辦法！」她說。

但游枝潔也明白問題不全出在父親身上，族群文化上「不管怎樣，祭典還是要有男生。以聖貝祭為例，在女生加入祭典前，從迎神、開甕、初祭、刺豬、到聖貝薦酒，有很長一段儀式過程，女性是被禁止接近參與的，更何況『男子集會所』，女性根本不能進入。所以女性即使有心全程學習，也受限於傳統禁忌，無法一窺全貌——其實老實講，即使依我這樣的個性，我也不願意去打破啦！」

接受女性「禁忌」

「打破這個禁忌，要背負很大的責任，如果是平時上課或教學提到這個都ＯＫ啊，但實質上真的要領唱或是帶頭，一定要進去『男子集會所』，這個女生是一定不能進去的，一定要由男生來學，所以我們希望要有一個男生，我們在等Avi，看他什麼時候可以來接棒……」游枝潔心目中理想的接棒人選，是達吉亞勒青年會執行幹事'Avi Hlapa'ahlica（陳思凱）。

「因為他是目前拉阿魯哇青年中，最有心想要傳承自己文化的年輕男性，很有潛力。思凱現在已能流利的講拉阿魯哇語了——他是有一次被我兒子罵笨以後，就很努力的在學，當時他氣的……」游枝潔笑著說。

陳思凱屬排剪余家（氏族），跟阿嬤的姓，雖非頭目家庭出身，但游枝潔認為，並非要頭目兒子才能在祭典中領唱，這是可以打破的，他父親就是最好的例子。她解釋，在拉阿魯哇族群體系中，首長對外，率領征戰，頭目對內。每個社都有自己的首長和頭目。頭目是世襲的，而祭典中領唱的職位叫「祭司」，也就是由祭司來負責典禮的運作，但目前通常由頭目擔任領唱任務。

「我們排剪的頭目已經去世了，他死了後，彭家後繼無人，頭目家族就斷了。目前排剪沒有頭目，只有美瓏社還有……至於首長，一直不知道

△興中國小每年暑假固定舉辦「部落學校」，以夏令營隊方式，讓住在部落的孩子和特別由父母送回部落的市區小孩，有機會在大哥哥大姊姊帶領教導下，浸潤在拉阿魯哇的族語文化中，快樂學習，吸飽養份。

是誰？各社的情況都是如此。自從二〇一五年余美女長老走掉後，更沒人知道了。因為她最老，去年我們曾問她，我們排剪的首長是誰，她也想不起來。首長以前曾經存在過，但都已經被遺忘了。」游枝潔語調中掠過一股淡淡的哀傷，像夏季亮長的白天終究走到盡頭。

暮色掩至，我沒有再問下去。

八貝：貝音回響，青年心聲

把貝殼貼上耳朵吧
耳朵就是貝殼
讓貝殼與貝殼細語
無盡的聲音回響，交織
在時間旋轉的廊道
召喚所有失魂落魄的
子民，勇敢站到祖靈面前
一無遮掩

1 塌陷的中間世代

老輩逐漸凋零，急著要把有限的所憶所知找回來，趁自己還有時間趕快傳承下去。年輕一輩有心的，拚命努力學習，怕時間來不及。但中間有一大塊是塌陷的，類似M型社會圖式，只不過中間塌陷的是文化，不是財富。

不少拉阿魯哇族人掙扎在貧窮線上，不論是老殘舊貧，或非典型就業、單親家庭、青年失業等新貧。況且貧窮還以遺傳之姿，威脅他們的下一代。即使有工作，也只能打勞力零工，工作缺乏保險與保障，成為工作貧窮的家庭，他們遂缺乏資源提供子女較好的教育機會，使得貧窮問題延續到下一代，造成世襲貧窮的現象。

這些族人無心也無力返鄉，遑論為傳統文化的保存奉獻心力。

「就聽、說、讀、寫都有問題啊！」部落青年陳思凱（'Avi Hlapa'ahlica）認為，拉阿魯哇族中間世代的母語能力付之闕如。在現實生活壓力下，他們光是忙於生計就夠辛苦的了。冠冕堂皇的話就免了，陳思凱直奔主題——

「我覺得他們中間這個世代，其實很辛苦的，因為剛好卡在整個時代背景，他們的上一輩還很知道自己是誰，了解族群文化，還會說族語……但外面的文化開始進來了，主流文化、資訊爆炸，部落型態也快速變遷……自己的語言文化就都失落了，我相信他們內心也很掙扎啦！」

「整個時代氛圍下，族人的觀念也不一樣了，知道說要去工作了，讀書也很重要了；可是讀書很重要，去讀的書，教育內容又跟我們的文化不相關。但又不能不接受教育，不受教育，感覺好像不行，所以在那個時代他們就必須去學校、去追求，跟著這個時代走，免得到時候他們會落後。」

中間世代族人的困境

「其實現在也是這樣，很多族人說他們想要當公務員，他們說那是鐵飯碗。可是我就不懂什麼是鐵飯碗，我很納悶，一定要當警察或公務員嗎？而且好像也只有那幾個選項。」

「教育改變了他們，職業觀念影響了他們，還有一項最大的問題是：大家都說你是鄒族！」陳思凱一口氣說到底，懇切的表達他對中間世代族人的困境與想法。

「他們那一代起進學校受教育時，就被教育自己是鄒族；而且大家都說你是鄒族，那時候長輩們也沒有太大的反抗。事情就這樣定下來了，族人慢慢失去原有的認同，誤認了他人的族群認同感。這很糟糕！」

「他們說我們是鄒族，好啦！我們叫鄒族，可是年輕人會問：『我們真的是鄒族嗎？』即使老人家也不知道怎麼解釋這一切。」思凱自問自答的說。

「但，我覺得我們還是很幸福的！因為到後來，看到長輩們有一點決心，這一點，是他們決定要反抗這件事情，雖然這個過程中並沒有看到任何反抗的動作，可是我覺得在心思上，那是一種反抗，是一個戰爭，他們決定說：不行！」

思凱認為，「族群認同這件事情，族人已經弄了好幾個世代，不僅我們的上一代，而是已經好幾個世代，在裡面都已經不知道自己是誰了，如果我們再任由現況繼續下去的話，更多子子孫孫都會不知道我們自己是誰？」

「所以，當有人說要反抗，長輩們就開始發起，說我們要正名；可是那時候，中間世代很多人，他們都說：啊！為什麼要正名？他們連為什麼要正名都還不知道！」

2 脫隊：文化斷層的尷尬現象

就這樣，一九九三年應邀到國家劇院表演成為關鍵轉捩點，以拉阿魯哇老一輩為主發出族群正名的要求。老一輩的腳步終於跨出了，後面也有年輕人，但中間的沒跟上來，脫隊了，造成文化傳承的斷層現象。

「嗯！其實他們就是很可憐啦！他們那時候在文化上已經跟上面斷了連繫，一直到後面，我們年輕人要回去的時候，他們還找不到連結點，因為他們沒有切身經驗過，他們會覺得這種東西好像沒差了吧！我已經從小到大都沒有了，你們現在才跟我說要我做什麼，那情況就好像我們的家長以前都沒學過英文，現在說很重要，要他們學英文一樣。」

「所以他們會說，沒差了啦！反正我以後就要去務農，幹嘛去學那種東西？有什麼比我照顧孩子更重要！幹嘛要去學英文那種感覺，就是我的人生已經過了一半了，或是過了很多了，我還要再重新學習!?而且那個東西已經跟我不痛不癢了。」

在「國語」強勢主流下，許多族語都處境艱辛，但人數稀少的拉阿魯哇族面臨的，不只是強勢漢人語言文化的入侵而已。

「中間世代的族人不會講自己的族語，卻會聽、會講布農語。我覺得很奇怪，部落這麼小，

△拉阿魯哇 2014 年正名以來，族人雖皆有心學習復振自己的語言文化，但也不免面臨一些困境。老一輩的願意傳承，年輕人也積極接棒，但中間世代卻顯得有心無力。中年族人往往背負家庭生計重擔，無法長期投入，且對他們而言，即使是自己的族語，學習起來也並不容易。

我們已經要費力對抗那個主流文化了，就是漢民族的文化，可是在這個小小的部落裡面，我們還要分心去對抗另外一個主流——布農文化。」思凱嘆了口氣說：「這是雙重壓迫！在漢文化和布農文化夾擊下，有時候我們也不知道該怎麼辦！」

塌陷失落的一代

對中間世代的人來講，族群文化的連繫已被切斷，突然聽長輩說要正名，而且年輕一輩的族群認同意識又比他們強，所以他們就變成失落的一代，他們塌陷在習慣了的漢化和布農化環境中，對他們而言感覺是被壓迫到已經沒有想要翻轉的念頭了。

「還好正名後，情況比較改善，有比較好了，大家比較有認同感了。」

但從認同的混沌狀態中走出來，其實很不容易！特別是在「既鄒又非鄒」的尷尬階段，即正名前的那段時期。

中間世代，約思凱父母那一輩的成年人，面對企圖復振的族群文化活動，他們大都沒有任何參與感，還說自己是「鄒」，可是當孩子高高興興的跑來對他們說，聽到一首阿里山鄒族的歌，然後唱給他們聽時，他們卻會很生氣的罵說：「這不是我們的歌！」

「為什麼？好奇怪？」問題出在哪裡，到底錯在哪裡？年輕人充滿疑惑。

「但他們也不會多做解釋，只是生氣、生自己的悶氣吧，因為他們也不知道怎麼解釋，整個歷史背景太複雜、太混亂了。過去生活中沒有經歷的文化，突然回返，說這才是他們的文化，然後要他們參與，他們也無所適從，無法一下就認同。」思凱說，中間世代的塌陷影響很大，還好正名後，他們慢慢調整步伐，追了上來。

3 正名不是要告訴世界什麼，而是重新找回自己

「我覺得正名其實是一個刺激，可以讓我們去找到自己！如果我們的族群認同感原本就很強的話，我們整個結構很完整的話，其實也不需要靠正名啊！我們叫鄒族，我們就很輕鬆。可是因為當時老一輩的人看到整個問題太嚴重了，語言流失太嚴重了，還有整個文化結構也不完整，很飄渺，所以他們覺得有必要把這個族群重新去整理、建立起來，走正名之路，可以把一些我們該釐清的建構起來。」

「正名，感覺不是要特別告訴世界什麼，重點還是回到自己身上。」

「正名第二年了（二〇一六）！我覺得改變雖然緩慢，但一點一滴的，還是有在改變，這是正名的刺激所致。但速度還是太慢了，令人擔心文化復振的腳步趕不上文化流失的速度。」

站在傍晚的夕照中接受筆者訪問，身前是夏日學校下課後一群吱吱喳喳、無憂無慮、開心不已的小朋友，身後是在郭基鼎校長主政下，剛從兩位布農人搗米改成一位布農、一位拉阿魯哇人合力搗米的學校塑像，時間、空間的現實感格外強烈。

陳思凱眉頭深鎖，超乎他年齡的憂患籠罩他年輕的臉龐，彷彿整個族群的重擔壓在他肩頭，感覺沉重異常。夕陽在下山前，正企圖拉長他的身影……山谷裡，荖濃溪依舊嗚咽，尋著老路，奔騰出山。

讓祖靈一眼認出我們是他們的後代

「祭典的時候，我們知道自己是拉阿魯哇；不是祭典的時候，我們講的是依舊是漢語。我們用漢人的方式生活，去拜拜，去過新年，還要看風水，這個文化就變得很像假的，很像我們在做角色扮演，今天辦主題趴、拉阿魯哇趴，我們就扮拉阿魯哇人，沒辦法活出我們真的就是拉阿魯哇人，這就讓我有點擔心，也是覺得很可惜的地方。」陳思凱心情複雜。

表面上，看到年年聖貝祭，有這麼多族人回來參與祭典，盛況不輟。但實際裡，族人到底學會並運用多少自己的語言文化在日常生活中呢？

「我覺得文化就是生活，生活就是文化，可是現在就變成說我們很像在做復振的表面工作，很怕可能會有一個危險點，就是會流於形式——我們族人會覺得我們是在扮演這個，這個是特殊狀況……」

「翻開族譜，我們可能會認得我們自己是誰；但今天換成我們站在祖靈面前，我們可不可以讓祖靈一眼就認出我們是他們的後代……」

「還是我們一定要穿著這個，這些服飾，還要弄一個祭典，才能正式的說：我是誰！我的名字叫什麼；然後祖靈才會講說：可能喔！他可能是我們的後代喔！因為他衣服穿得跟我們蠻像的——」

「這樣不是很可悲嗎？在生活上，我們遠遠還不是拉阿魯哇！」

山上天黑得快，暮色走入夜色似乎是不變的結局。但思凱知道，明天太陽依舊會早早升起，從東山頂的那頭第一個照射部落。

4 與時間賽跑的族群

以語言的保存運用來說，陳思凱認為，長期沒有使用或很少使用下，很多拉阿魯哇語的詞彙流失了，現在族人正極力恢復，老人家有找回一些，有些特別深奧的詞彙會跑出來，讓他蠻驚訝的。

「但我們擔心，怕口語化或者說習慣了，我們會被限定在一些固有的詞彙裡，詞彙會越用越簡化。有些我們有抓到、找回來，也有把它記下來、想運用；有些我們根本不知道它原本怎樣，就沒辦法了。」

「我覺得語言，雖像游枝潔認為的，口語化，能說聽得懂就ＯＫ了。我也相信文化是流動的，它不會處於停止的狀態，一個詞彙的用法可能隨時代演變，可是如果我們能知道之前怎麼說，那也不錯，我們可以把它記錄起來，可能祖先以前用過，我們現在很少這樣用了，這樣的語言還是要保留下來，呈現語言流轉的歷史。」

拉阿魯哇是與時間賽跑的族群，每當一位耆老過世，就會丟掉一些文化和語言上的東西，所以紀錄保存工作要趕快做，刻不容緩，接下來是運用、活用於日常生活中。復振拉阿魯哇的語言文化，官方會撥經費、給錢，但陳思凱認為這錢拿得理所當然的心態應調整。

「我覺得原住民會被寵壞！」他發自肺腑，並

△（右圖）部落青年們開始思考族群文化復振不能僅流於形式及表面。（左圖）拉阿魯哇年輕世代之一的陳思凱便認為祭典不是「扮演」，而是要找回固有的價值，即便不穿族服，也要讓祖靈能夠認得。

以自己為例說：「一些計畫和活動，他們會說要給我一些錢，一開始就很高興啊！對啊，我工作，當然要給我錢，可是到後面會越做越心虛，覺得這本來就是我自己要做的，就算我不接這個計畫，我也是要訪談長輩的，這是我們自己的語言和文化，本來自己就要做的。」

「哈哈！這個不用錄（音）啦！怕被聽到不好！」陳思凱不好意思的說，其實他也只是以自己為例，沒有提到別人。

勇於反省檢討的新世代族人

像陳思凱一樣勇於反省，勇敢面對族群內部隱憂及矛盾衝突的年輕人還是有，這是難得的激盪、檢討、進步的力量。如果為維持表面和諧不願去正視，繼續把它掩蓋，隱憂變成問題，反而喪失改革的契機。

在訪談部落青年的過程中，有幾位年輕人不約而同提到聖貝祭使用類似「蝸牛殼」的事，對此表達疑慮，但他們又不敢跟長輩講；他們說這個應該可以討論才對，大家應該商量可以用什麼方式來解決，但年輕人似乎還沒跨出這步。

針對這點，陳思凱表示，有聽耆老講過，曾經把聖貝的照片拿給研究海洋相關學者看，但他們怎麼都找不到那是什麼貝殼？實際上，真有看過聖貝實物的，現在全族應該不到十人吧！難處在這裡。

「聖貝」是拉阿魯哇獨特圖騰，文化聖潔的象徵符號，具有無可取代的價值，處理上必須敬慎小心，任何改變都要取得族人共識才行。聖貝失落了，以其他貝殼暫時替代，是權宜措施，原本無可厚非；但長久之計，還是要協商出一個大家都能接受的解決之道。還好，部落政治有所轉變，從頭目、父權制慢慢轉變，年輕人也有發言權了。

「嗯！有啦！我們現在有比較改善，我們都很敢講了。」陳思凱強調。

「部落決策，以前有會所制度、長老會議；現在是協會為主，就拉阿魯哇文教協會，協會理事長在主導這個族群，理事長可能管的比較多，他可以決定我們祭典活動要辦半天、還是辦全天。但頭目權力不見了，頭目族語不行，問他什麼都不知道，他自己不爭氣，現在權力被拿走，也沒辦法……」。

5 原生與建構：敞開的心靈

筆者最後問到游仁貴長老在部落地位的事，因為部落祭儀大都由他帶領、傳承。

陳思凱平心而論，他指出，「因為族群語言文化現在知道的人很少，所以變成說，如果把他（游仁貴長老）的知識變成族群的知識，就等於好像所有族群語言文化資源都是重複從他一個人身上出來的，大家可能會有一些意見，有人會說他在炒冷飯，有時候他知道的（族群語言文化）也有主客觀上的問題，加上有些東西又面臨時間和記憶的考驗，大家知識的來源又不同，所以這些東西也不一定全是對的。」

「那，有些人就會吵說，怎麼會是這樣子？為什麼是A、不是B？可是我以前聽我爸講是B，啊怎麼會這樣……」這種問題怎麼解決？年輕一輩也不知道，就只好先讓他們這樣！「說真的，我覺得這種反抗，我很樂見耶，我覺得不同的意見都可以並列嘛，可是要先把情緒抽掉……」

陳思凱進一步指出：「所謂主觀和客觀都是相對的，所以如果有多一點的人願意講的話會更好，可是可不可以把自己的情緒先抽掉，還有就是希望在討論的時候就要多參與，知道的人要多出來參與，跟我們講說你聽到的是怎樣，跟他聽到的不同，那很棒！那我們就把這些都留下來。因為如果講述的耆老就一個人，那就只能依照他知道的去做；可是等成果出來的時候，有人才來質疑怎麼他講的是這樣？」

世代間的銜接與激盪

「所以，我覺得你有東西，你就拿出來講，有時候要講不講的，我們去採訪時，他們就說：啊！沒有啦！你去問誰啦！他比較知道啦。可是常常回過頭來，又蹦出一個意見或看法。所以，在討論的過程當中，就應該要勇敢一點，有問題就提出來一起討論，本來文化就沒有所謂的對錯嘛！」

目前部落的決策機制，年輕人也可參與討論，發出新世代的聲音！特別是他們從文化紀錄保存的過程中已觀察到，當下勇於說出自己的想法和看法，而非事後再抱怨挑剔的態度，有多重要。

如果說原住民是夾縫中的族群，那麼拉阿魯哇族更是「夾縫的夾縫中的族群」，族群生存的壓力排山倒海。但筆者訪問陳思凱和部落年輕人的經驗，讓我對這支既年輕又古老的族群充滿信心

△僅剩 400 多人的族群裡，拉阿魯哇的女兒們也在思考如何超越傳統文化禁忌，擔負更多傳承的責任！

與希望。剛獲正名的喜悅並沒有淹沒他們的危機感，世代之間已呈現相互銜接，又相互激盪的氛圍，不會陶醉在自滿自足的現況中，而是能檢討修正，不斷調整隊形，找出問題，迎向挑戰。

游仁貴以一個僅具拉阿魯哇族領養關係，不具一絲絲拉阿魯哇族血統；而且既非頭目（家族）、也非巫師（家族）身分；在以血統純度認定身分的狹隘「標準」下，確實不具領導條件。

但游仁貴心態豁達，反而提醒了族人真正重要的是什麼——不是血統，而是文化、族群文化的復振。因為一旦失去了自己的語言與文化，身上流著再純正的拉阿魯哇族血統又有什麼用，連開口說話的能力都沒了，整個族群將隨之喑啞、消亡、死寂，會是多大的噩運啊。

九貝：青年會：榛莽中走出的路

1 汗水．入山尋根

舊遺址在很深山裡，而我們這次上山的目的是，拉阿魯哇族為了追思祖先的一個儀式。那個舊遺址就是傳說中的雁爾部落，日據時期他們被日本人逼下山，到現在這三個據點：美瓏、塔蠟袷、雁爾。我們的旅程開始吧①！

「耶！到了……」氣喘噓噓的年輕人啊，走了好長好長一段山路，終於抵達目的地，面對攝影鏡頭紛紛露出笑容，打個招呼吧，真是好不容易「捏」！

不常有人走的山徑，淹沒在日月長草中，必須有長輩在前面持刀披荊斬棘，年輕人才能跟隨前進。暖冬太陽照，大家都汗流浹背，累癱了！小女生笑著形容這段路程「很恐怖——」

每年聖貝大祭舉行之前，拉阿魯哇族人都會先舉辦一場「尋根之旅」活動，由族中長者帶領年輕人參與，徒步重返先祖居住之地，以慎終追遠之心，懷念祖靈，並尋找自己的身世！

二〇一七年二月十九日這趟雁爾社尋根之旅，從產業道路轉山路，山路轉無路，一路不好走，路陡峭不平，灌木雜草長得比人高，小孩、女孩走來倍感吃力；但再累，大家都不放棄，所以抵達目的地後，格外有成就感。

一兩個小時的路途後，抵達舊部落遺址，大家在林木環繞中，席地野餐，稍做休息。

之後，合力在林中清出一小塊空地，游仁貴長老點燃火苗，摘下姑婆芋葉為盛，備妥酒水和豬肉，主持祭告祖靈儀式。游長老口中唸唸有詞，大家圍攏過來，一一以手指沾酒拋灑，大喊tamu'u，祭祀祖靈，心中充滿虔敬。

然後，幕天席地的，優美的歌聲響起！一人唱，眾人和，族人合音，嘯呼之聲，響徹山林。

為迎接聖貝祭，族人不分男女老少，這幾週來不斷練習，山夜吟唱，祭歌飄忽遠颺，聽者莫不撼動。尋根之旅這天，祭儀結束，大家席地散坐，有人起音，大家就跟著唱了，真率、隨興，他們唱給祖靈聽，感動祖靈，也感動自己。

「完成了！到家了」、「耶！好棒哦」。走過山巒起伏，走過崎嶇之路，在山林中瞭望山林，在自己的土地上觀照自己，突然覺得自己的家鄉原來如此美麗，這趟尋根之旅，永遠難忘！

一路，族中青年跟著專業攝影團隊，他們扛揹沉重攝影器材隨行上山，全程紀錄這趟尋根之旅，並將它發布到網路上，期待激起更多回響。

未來，年輕人將學習以此模式，紀錄族人身影笑容、拉阿魯哇的語言文化，掌握自己的發言權，建立自己的觀點，一直走下去。「Hla'alua pasamangantʉ！（拉阿魯哇加油！一起尋找自己！）」

2 年輕的小米田

這一片山林野地，你們將開闢成小米田，以後將長起茂盛的小米，飽滿厚實的小米穗將像盛開的花，迎風搖曳，愉悅你們的眼你們的心，小米豐收進倉，將餵養你們的子子孫孫。

穀物的原有者——小矮人，身影已隱沒於深山茂林中，但他們致贈的寶貴種籽以及教導的農耕技術，拉阿魯哇族傳承至今，後來拉阿魯哇人又向平埔族人學習耕作旱稻，農耕收穫讓族群的人口增加。

因此，除了聖貝祭和已消失的敵首祭，拉阿魯哇的重要儀式還包括：小米耕作祭儀、稻作祭儀。過去以旱稻與小米為主要作物，農耕是拉阿魯哇人重要的生產方式。

社會變遷後，目前族人的經濟作物，則以梅子、芒果、李子、愛玉等果樹為主，小米的重要性已不如以往，遑論旱稻。

「很累哄，你們，大家辛苦了！」

「不會啦，習慣就好，哈哈！」

即使流了滿身大汗，也沒有人喊累或中途放棄，他們一個個向土地躬身彎腰，正努力播種小米。

「以後就有小米酒喝了！」

「你只想喝酒喔！」

「哈哈！」

太陽慢慢升高，大地已從清晨含露溼濡的狀態變乾，日正當中，土地已恢復堅硬。雜草仍緊緊盤踞它們的地盤，草根緊扎土石不放。

過去，族人採初級農業生產方式，以山田燒墾為主，放一把火就可以燒掉所有雜草，但現在可不能這樣大面積的燒，萬一延燒山林就慘了。

要燒，也是在有限度的範圍內燒，收集一些落葉枯枝和著雜草一起燒成灰，摻灑翻攪進土裡，做為天然的肥料。而燒墾也有燒死蟲卵，減少日後病蟲害的功用。

找回先民古老的生活智慧

所以，年輕人們很辛苦的！還是要拿起鋤頭，揮汗如雨的翻土、耕田。

其實，年輕人哪有多少耕種的經驗呢？還是要靠有播種小米經驗的上一輩來教。而且光有田有種籽還不行，還要有水灌溉才行。

「對哄！沒水沒雨，可發不了芽，種籽會渴死。」

老人家說，拉阿魯哇人是依時令農耕的，什麼時候該做什麼事，都有一定的時序，這些時序的記憶就裝載在大自然的動植物身上，像莿桐花開了代表春天來臨，還有五節芒抽穗的時候就入秋了……等等，這些先民古老的生活智慧都要找回來。

△收到部落青年送來的小米穗，游仁貴長老開心又欣慰。小米是拉阿魯哇傳統作物，達吉亞勒青年會重新學習種植小米的知識與技術終於豐收了。

△阿拉魯哇青年踴躍參與祭典，也善用各種管道增進族人向心力，提升族群文化能見度。

但是，現在的年輕人比較輕鬆了！現在種小米、種果樹，可以拉長長的水管，蓄積雨水灌溉，以前哪有這麼方便，還是要等時節到了，春雨來了，土地變溼軟，才能播種。

在大自然適宜氣候下，播下的種子受到雲霧雨水滋潤，就能萌芽成長，不需要人工澆水的沈重負擔。而且，小米本身就抗旱，所以才能成為上天藉由矮人之手賜予拉阿魯哇的珍貴穀物，適合在山上種植。

看著接好的水管，刷刷地噴灑水花！乾淨的水開散、潑發在新鮮的空氣中，氣溫彷彿立即下降了不少，大家都笑了，笑得好開心。

小孩子也想試試看呢，搶過大人手中的水管來澆灌。剛翻好的、乾燥的鬆軟泥土，一碰到水，馬上變得溼黑，吸飽水份。

「這土壤很肥沃的！小米一定會長得很好！」

「一定會成功，耶！可以釀小米酒了。」

3 傳播 *Hla'alua*：拉阿魯哇臉書

Hla'alua 拉阿魯哇族臉書②，開心的記錄了這次部落青年的「小米初體驗」！

這是三月裡的某一天，這天拉阿魯哇族「達吉亞勒（takiarʉ）青年會」舉辦「整地種小米」活動，集合部落裡的青年來學習種植小米。大家分工合作，接水、整地，把小米播種進田裡。忙了一整個下午，終於完成了。

「太好了！好開心啊！青年會有自己的小米田了！」

「咦！明年聖貝祭的小米酒，會不會是用青年會種植的小米來釀的呢？我們拭目以待囉！」

想到聖貝大祭可以使用自己親手種植收成的小米釀成，讓貝神沐浴在年輕人新釀的小米酒中，酣醉而滿意，大家都興奮不已。

種小米，當然沒有這群年輕人想的那麼簡單！但至少他們有心，在稻米文化入侵下，在原住民傳統植物文化式微的大環境下，回頭種植小米，從選地、焚燒、開墾、整地，至播種、鋤草、除蟲、疏苗、施肥，過程繁複。等小米抽穗了，又要忙著趕鳥，然後採收、運送、曝曬、搗米、篩米，最後才能成為可以填飽肚子的糧食。

從燒墾到入倉的過程中，在在都靠傳統知識及先人經驗的累積支撐，而且還存在許多不可測的風險，這也是為什麼原住民發展出許多農耕祭儀的原因，播種前要拜、收割前要拜、入了倉也要拜，還有一大堆禁忌。

光是病蟲害就可以把一田青翠挺拔的小米苗，吃得乾乾淨淨；何況，虎視眈眈的麻雀和斑文鳥，可能在你眼看著就可採收、豐收前，盡情享受你提供的小米盛宴，讓你一整年的辛勞，全部都化為鳥食，沒有任何收成。

社群網路保存族群文化

傳統上，拉阿魯哇族的曆法以農作生長為依據，一整年以小米的種植開始，旱稻的收成結束；並發展出「小米耕作祭儀」與「旱稻祭儀」兩項農耕祭儀。這套完整且嚴謹的儀式與農業活動時序緊密的結合運轉，是繼聖貝祭之後，拉阿魯哇人想要恢復的。

為祈求祖靈保佑小米豐收，光是小米耕作祭儀就包括：在播種之初舉行的「播種祭」、收割之初舉行的「收穫前祭」、曬乾未收藏前舉行的「嚐新祭」、收倉前舉行的「收藏祭」、以及收藏祭隔日舉行的「祖靈嚐新祭」。

數畦新闢的小米田就位在部落祭儀廣場不遠處，拉阿魯哇臉書持續紀錄、公布小米萌芽、成長、茁壯的照片，傳播部落生機與喜悅。小米田一旁是可以儲水澆灌的水塔，還有已經開滿芒果花的經濟作物「金煌」，今年應該會大豐收吧！部落青年心中期許、祈禱著。二〇一六年初的寒流和接連好幾個颱風已把族人的心血化為烏有，希望今年祖靈庇祐，守護這塊土地，無災無難。

透過數位記錄和社群網路，拉阿魯哇青年正運用更細緻、更有效率的工具和方式來保存自己獨特的族群文化和生命經驗，並傳播推廣出去，其訴求的對象不僅是族人，還包括吸引外界的關注與支持。

4 小米茁壯的聲音：達吉亞勒青年會

達吉亞勒青年會成員學習共耕小米的意義，不在於收成的有無多寡，而是傳統耕作文化的復振，不僅是耕作技術，這是拉阿魯哇族特有的「共耕制度」的寶貴意涵。共耕制讓拉阿魯哇族得以協同勞動，共享土地資源，並從中繁衍壯大。

陳思凱說，青年會由拉阿魯哇族年輕人組成，每週六下午是固定聚會時間，青年們彼此問候交流、互相學習族群文化，且每週都安排不同主題讓大家參與，以凝聚向心力，強化族群認同。

「達吉亞勒青年會成立的一個很大的契機是正名運動，之前我們經歷一段很不認識自己的階段，那個時候年輕人也一直在找尋自己，可是他們卻迷失在『我是鄒族？』、『我是誰？』的疑問中，正名運動開始後，族人們聚集起來，大家的自我意識被啟蒙、抬頭了，年輕人也意識到既然我們這麼特別，那我們要不要把自己的文化傳承下來，所以集結年輕人成立青年會，共同來做，學習自己的文化。③」

二〇一五年六月，應邀上原住民電視台「部落大小聲：青年 Tupa(10)—當我們同在一起：部落青年組織」節目，族服盛裝的陳思凱在攝影棚裡侃侃而談。拉阿魯哇年輕世代站了出來！被期待做為族群文化傳承接班人之一的他，心中已具有責無旁貸的使命感。

從小在族群認同的迷霧中長大

國立東華大學民族發展與社會工作學系的他，畢業就返回部落，曾任代理教師，目前在世界展望會工作，熱切投入拉阿魯哇文化復振行列，擔任拉阿魯哇文教協進會專案助理及達吉亞勒青年會執行幹事，引領一群年輕人共同努力。拉阿魯哇新一代年輕知識份子中，陳思凱是理論與實務經驗同時兼備的意見領袖。

「——這不是我們的歌！」和郭基鼎校長的成長經驗一樣，陳思凱回憶兒時好不容易在學校學會了一首歌曲，開心回家分享時卻被大人罵。從小在族群認同的迷霧中長大，這是多數拉阿魯哇人的共同困惑，因為被片面硬性的錯誤劃分，導致這種認同困境可能橫跨戰前戰後好幾個世代。

△族群文化的傳承，絕非單靠一兩人可以成就，而是必須整個族群動起來。藉由鋸下裝小米酒的竹筒這個動作，我們看到老人家與年輕人協力，而文化與經驗的傳承自在其中。

「當我們開始聚集，學習我們文化的時候，一次偶然機會中，從眾多採集回來的耆老口述歷史文化，發現他們都有一個共同的回憶，就是小時候，或聽他們的父親說他們小時候，不定時會去『會所』集合，甚至祭典前會在會所過夜。我們就開始思考，為什麼大家喜歡去會所，到底在會所做什麼？然後才知道，會所對拉阿魯哇族是一個政治宗教和教育的重要場所，因為當長老要開會，會召集所有的族人到會所溝通討論，再做裁決。耆老不定時也會在會所裡，教育年輕人我們族群的遷移史、古謠、神話、故事等。而且，在祭典籌備過程中，會所也是一個很重要的場所，如貝神祭時，第一個『迎靈』的動作就是在會所裡舉行的。」

5 集會所：學習、傳承、對話的空間

拉阿魯哇族失傳六十餘年的傳統會所制度，終於得以從耆老口述中重建；仿古的建築就矗立在美蘭部落和四社的祭儀場內，聖貝大祭就在這裡舉行。這是拉阿魯哇的精神基地、神聖堡壘。

雖然傳統會所制度無法立即恢復，但會所制度的精神可以傳承——達吉亞勒青年會成立了，而且女性也可以加入，並非男性的特權，所以參與的人越來越多。不僅如此，青年會也打破傳統技能性別分工學習的慣例，不分女生男生都可以

學。尊重傳統，但並不固守，在性別平權上，青年會勇於現代化，這是很大的進步！

「老人家一定會有不同的意見，一定會的！」傳統父權體制下，過去年輕人只能聽命行事。「但青年會成立了，我們有很多機會可以跟長輩有對話的空間。這對雙方都是挑戰！」陳思凱坦言，事情並非那麼順利：「因為老人家覺得，年輕人好像有自己的想法了，有想法很好啊，但感覺被挑戰了，這是過去沒有的事。年輕人也覺得不習慣，因為過去都是長輩說了算，他們付出勞力，聽老人家吩咐辦事就好，太習慣當個純粹的勞動者了，關於如何去關心我們的部落、我們的文化，起初不太有自己的想法。」

「當我們開始有這樣的組織，我們期許自己要變得更勇敢些，要試著去跟長輩對話，我們有想法就要提出，要去跟長輩溝通交流……這過程會發生很多小問題。」陳思凱欲言又止：「還是人的問題……回到部落，大家聚在一起，因想法不同，難免會產生磨擦、衝突。在部落工作，有時做一件事，最大的力氣和時間是花在溝通上。」

「憑良心講，我們也是希望我們的族群部落可以更好，所以我們才會這麼的有想法，和有想要做的事情——」陳思凱語重心長的說。

觀念、想法不同，世代差異的挑戰，權力的集中或下放；還有落實民主式的決策，或依舊頭目、父權、家長，男尊女卑……，部落敏感的政治議題已經被年輕人觸及、挑起，無可迴避。

6 參與部落決策，提供多元看法

太陽休息了，夜晚的部落裡，族人利用時間開會。大家下班、下課了，有的忙完農事，從田裡、果園回來，有的忙完小孩和晚餐就來了，有的剛從平地長途開車回到山上，不管怎樣，大家都很有心的來了。

上班工作很忙很累，但再忙再累，還是要來幫忙。部落的天空全黑了，家家戶戶傳出電視的聲音，外面很安靜，只剩馬路上耀眼的水銀燈和有時露臉的月亮陪伴。會議開到很晚，有人打呵欠了，去廁所用水抹把臉再回來，白牆上壁虎嘎嘎嘎的提醒大家，走得很快的時鐘就掛在它旁邊，但沒人理會它，會議繼續開下去，要睡你去睡。

無數個夜間或白天的會議中，大家提案討論。年輕人謙虛的向族中長老請益學習，長輩們悉心教導；藉青年會的組織，拉阿魯哇年輕世代有可以發聲的體制內管道，不同的聲音會被聽見，他們有機會參與部落決策過程。資訊發達的現代社會，變遷快速，年輕人的優勢是掌握資訊的能力，又受過高等教育，面對議題，可以提供多元的看法與建言。

對年輕人而言，這既是學習成長、也是擔負責任，因為一旦參與，做成決策，特別是青年會提出的意見，如何落實執行，是否滯礙難行、族人反應如何、成果如何？在在都是檢驗的指標，責任勢必回到自己身上。掌握回饋、檢討修正；而非因此裹足不前，才能不斷進步。

「過去，我們對自己的文化太不熟悉了！現在我們要快步追上。」青年會成立後，吸引許多青年加入學習的行列，甚至不再年輕的族人也加入，因為他們也想一起學。

學習、紀錄、生活實踐，不只要把失去的東西找回來，還要讓它根深蒂固。陳思凱驕傲的說，青年會每年暑假定期舉辦為期一周的族語夏令營，原本只是給自己族人學習，但現在規模大到其他族群也願意一起來學，對推廣拉阿魯哇語言及文化很有幫助。

最大的挑戰來自自己

其實，最大的挑戰來自年輕人自己。

「因為很多年輕人在外求學、工作，只能利用假日參與部落事務，所以常常到場的都是那兩三張老面孔，人數很少！」陳思凱無奈的說，但他也試著了解問題所在，提出解決的辦法。

「平時應該就要營造更多更多互動交流的機會，或辦些能吸引年輕人參與的，例如娛樂活動。加強連繫，讓大家覺得參加青年會很好；不能一年幾次大活動的舉辦才聚集見面，這樣不夠。」

對原本人數就很少的族群來講，加強連繫、加強向心力這項工作顯得格外急切重要，所以部落設立臉書專頁，透過各種網路社群軟體，克服大家平時見面不易的地理距離，拉近彼此關係，對內達到即時通訊、討論溝通、情感交流的目的，對外也有利宣傳族群文化，一舉數得。

就像上山尋根的隊伍，有長輩在前面引導，拿刀砍除藤葛、闢排榛莽為年輕人開路；就像耕種小米，需要有經驗長輩的指導，高舉鋤頭翻土掘鬆，才能播種。達吉亞勒青年正如小米田裡用力扎根吸水，攝取傳統養份，成長茁壯的青苗，不久就會長得比成人還高，抽穗飽滿結實纍纍。而風吹動小米田，將成為山林部落最優美的脈動。

從芒草路的榛莽阪阻，到小米田的金黃豐收，一路走去。路徑初始糢糊，但確實存在；人數雖然不多，但意志堅定。長者帶著年輕人，年輕人集結跟隨，他們互相討論激盪、彼此加油打氣；隊伍不斷朝前，方向調整明確；他們陣容將壯大，傳統創新交融，腳步永不停滯。

①引自 https://youtu.be/Cv7FqJlyFcQ，拉阿魯哇族 / 尋根之旅 2017/2/19，王彥云。

十貝：帶緊，一個都不能少⋯⋯部落的族語教師

（照片提供／劉曉

1 溪水裡閃耀的苦花魚群

這邊的河床真是開闊！

難以想像，這大片溪石纍纍的乾枯河床，夏季大雨過後，瞬間就會被淹沒吞噬。河床中間，目前雖只剩瘦小蜿蜒的河流，但它不會枯竭，它的生命力強韌，隨時準備喝飽大雨山洪，轉眼間變成洶湧咆哮的巨獸。

陽光照射下，淺淺溪水清澈見底，苦花魚群悠游，白腹青背，魚鱗閃耀；抬頭，熊鷲正乘氣流攀升，双翼伸展，陽光穿透它黑白相間的羽毛，發亮般；勾喙金睛，「ge — li — gui —」發出三音節高亢的鳴叫。

雖近中午，把腳伸進溪水中，猶可感受到冷冽的水溫，那是從族群發源地 Hlastʉnga 群峰流淌而下的水。成群溪魚徜徉，擺尾輕啄石苔，彷彿喝著這些乾淨的水，吃著這些乾淨的青苔，就可茁壯肥美，游向遠方碧綠的深潭，那裡鮮紅的楓葉飄零，落潭不驚。

「我們的祖先從玉山下來以後，直接就到日出東方那個地方，後來過啞口，慢慢順著荖濃溪而下……」游仁貴耆老站在河床中間，指著圍繞河谷高聳綿延的翠綠山巒，娓娓訴說拉阿魯哇祖先遷徙的歷史，以及傳統領域的溪流生態。

潺潺溪流和以溫柔的水聲，游仁貴族語飽含滄桑。跟在他身邊的是三位族語種子教師余淑美、余淑華（Aruuai Tumamalikisase）姐妹、陳春月，還有時任拉阿魯哇文教協進會總幹事暨興中國小教務主任的郭基鼎老師。

二〇一三年夏天，他們一行人漫步踏查，一路從部落道路下到荖濃溪乾枯的河床，在群山環繞的實境中教與學。邊聽邊作筆記，三位族語種子教師跟著游仁貴耆老努力學習。

面向日出東方，左手邊的台地是高中，不遠處塔羅留溪匯入荖濃溪的地方是美蘭部落。「塔羅留溪是魚的故鄉，在我們拉阿魯哇語中，塔羅留是水草豐沛之地的意思，除了苦花、石𩼧魚，還有各種螃蟹、溪蝦、甚至鱸鰻等，很多很多。」游長老比著手勢解釋他小時候這溪裡生態豐富的情形，漁撈是族人除了打獵之外，蛋白質的重要來源。

「塔羅留」原意是一種水草

「可惜後來生態被破壞了！」發生毒魚、電魚、竭澤而漁等過漁現象，很多外地人進來這裡……

其實不只山林、土地，溪河流域同樣是拉阿魯哇人的傳統領域，像塔羅留溪這裡就是排剪社宋家和郭家共管的漁獵區，埔頭溪、綠茂溪等荖濃溪支流也都各有管理的氏族，這是以前拉阿魯哇祖先遷徙到這裡時就協商分配好的，具有既平分又共享資源的永續生態觀念。

二〇〇三年在高中村長老教會高正義牧師號召下，族人發起封溪、護溪工作，連續三年，生態才慢慢回來，並成為當地發展部落文化觀光的特色，帶來新的經濟契機。

沿著塔羅留溪賞魚步道走走停停，溪水潺潺，游魚悠悠，令人心曠神怡，確實是發展部落深度生態文化之旅的好所在。不幸，二〇〇九年八八風災，溪流被幾層樓高的土石掩埋，景觀破壞，生態遭遇浩劫，輕易就把族人多年努力化為泡影。

郭基鼎說，塔羅留的拉阿魯哇語，耆老稱為 taparu，原意是一種水草，長得有點像我們常吃的野菜龍葵，但枝莖紅色、葉子有毛，過去在塔羅留溪上游遺址 hlangalucu 兩岸生長茂密，所以才會以 hluhlungu tapataparu 來命名這條溪流，可惜到底這種植物是什麼，現在也不知道了。

作為第一批族語種子教師，三個人都非常認真的學習，無論族語和族群文化，她們都必須牢記並消化吸收，才能於投入教學工作時，正確而仔細的教導解說，好好傳承給孩子。三位族語種子教師都受訓完成了，可是最後留下來長期服務至今的，卻只有余淑華一人。原因何在？

2 余淑華，細說「沉浸」

現任興中國小幼兒園拉阿魯哇族語教保員的Aruuai（余淑華）說，「我原本就讀三信家商幼兒保育科，二〇〇八年休學返鄉，先在桃源原住民文物館上班，當駐館人員，到二〇一一、一二年就進入拉阿魯哇文教協進會師徒制計畫，開始跟著游仁貴老師學習族語。」

余淑華接受筆者訪問時，正坐在教室桌前備課，孩子們的嬉鬧聲隔了好幾道牆還傳過來。山上歲月靜好，原住民孩子樂天——我們總有些似有若無、似是而非的成見；但其實當幼兒園老師一整天面對活潑好動或哭鬧不休的幼兒，不管平地或山上，沒有很大的耐心和愛心是無法勝任愉快的。

「這個計畫主要在培育族語人才，以擔任族語種子教師。第一期總共有三位學員，但後來我姐姐中斷了，另一位也沒有留下，只有我留在部落，到興中國小幼兒園做沉浸式族語老師。我還繼續跟著游老師學習中，目前聽說讀寫的能力都OK，但還沒辦法很流利的交談，跟耆老全部以族語對話還不行，他們的話有點古老……」

「後來，游枝潔也成為族語種子教師，她好像是第二期的。她是游老師的女兒，族語能力比我強，我跟游枝潔以族語交談可能還可以，她講的族語我還聽得懂，但游仁貴老師講的就沒辦法了。」

二〇一三年，台原偶戲團「台灣不見了．光影巡迴計畫：找回自己的聲音—拉阿魯哇」前進部

△興中國小實施沉浸式拉阿魯哇族語教育，讓孩子從進入幼兒園起，就沉浸在全族語的教學環境中。族語教師在此擔負重要角色，拉阿魯哇族語教保員余淑華歷經多年的培訓養成，終能勝任愉快。

落，三位種子教師正處於初學族語階段，壓力不小，但學習之心熱切開朗。歌聲飄揚在校園中，小孩子已能用自己的母語唱歌，他們還要學會用自己的母語交談，希望全寄託在種子教師身上。影像畫面紀錄下她們當時熱切誠摯的眼神。①

小朋友學會族語並不容易

面對鏡頭，余淑美說出她們如何「找回自己的聲音」，「像我們（姐妹）是還聽得懂一點點，然後她（陳春月）是完全聽不懂，所以游老師得從最基礎的單字開始教起，再用我們學過的字和我們對話，可是我們不會講，只能大概的回答……」

「就壓力很大，但還是會很努力的學，因為還是要傳承給一下代，一直傳承下去。」余淑華接在姐姐後面補充。

「我是今年才參加的，還是要加油啊！」陳春月靦腆的給自己打氣。

興中國小平均十個孩子中只有一人是拉阿魯哇族，比起一般原住民只需單純面對國語壓力，族群人數多的話還能抗衡；但在布農族大量遷入桃源區後，人數少的拉阿魯哇族處境更為艱難，要同時面對國語和布農語兩種強勢語言文化，大大壓縮了拉阿魯哇族語的使用空間，所以要小朋友學會講族語非常不容易。不僅小孩子如此，部落青少年和年輕的父母也普遍不會說拉阿魯哇語，反而會講布農語。

天色轉暗，下雨了，山嵐在遠山飄滾，溪水慢慢上漲；小朋友打起花雨傘回家，但學習不能停止，今晚是拉阿魯哇族的家庭母語日！

雨停了，晚飯過後，孩子們踩著水窪裡自己的倒影，臉上掛著笑容，陸續聚集。半露天教室在一處宅前簷棚下，日光燈和遠處水銀燈合力照耀亮晃晃的廣場一角。上課的白板就綁掛在這戶人家牆壁鐵窗上，旁邊還貼著主人家寫的「小本經營，勿賒帳」標語。簡易教室不拘形式，重要的是可以深入家庭門戶。

到府上課的家庭母語日

「今天晚上要教的是人體器官！大家跟著我唸一次。」余淑美用筆指著白板上的漢字和對應的族語，先唸一遍給大家聽：「腦：punu'u，心臟：hlikʉlʉcʉhla，胃：hlaumu，膀胱：riiripa……」小朋友跟著老師高聲覆誦，聲音打破夜晚部落慣常的寧靜，肺活量大到彷彿連隔了好幾座山頭的祖靈居住地都聽得見。

家庭母語日每週三舉行一次，與學校族語課程不同，沒有制式課本，學的是生活用語；也沒有固定教室，每次輪流到不同的家庭上課。由種子教師上場試教，游長老則坐在後邊，必要時出聲示範，矯正大家的發音，以免唸錯了。

這天，路燈下的戶外教室格外熱鬧，大人小孩到的很多，孩子上課，家長坐在後頭搖扇驅蚊。小朋友當場還要練習拼音寫字，把羅馬拼音單字抄在筆記本上。關心的家長全程陪同，自己多少也跟著孩子學點，可以和孩子對話。

「現在是兩頭並進，一邊是做族語向下紮根的工作，從學校，透過語言巢、家庭式學習做起，來推展族語；另一方面，怕族語消失，因為老人家會講的不多了，所以趕快把它轉化成文字，紀錄下來，以便提供未來的人學習……」當年還是學校主任的郭基鼎也參加了這場家庭母語日活動。

最後，大家享用點心飲料，還合唱了「vulaihli ina'a，媽媽的眼睛」等族語歌謠，才快樂回家。

3 潤澤每一個孩子：沉浸式族語教學

余淑華接受族語種子教師培訓結束後，剛好碰上原民會推出幼兒園沉浸式族語教學計畫，因她具有幼保科相關背景，就在郭基鼎主任推薦下，於二〇一四年參加考試，然後在台南崑山科技大學受訓五個月，五個月都住那邊學習，後來一個禮拜在崑山上課，一個禮拜到幼兒園實習。

「那時候住台南那邊，崑山科技大學沒有提供住宿，又碰上我懷孕，過程有點辛苦！」余淑華回憶：「當初是有這個機會，因為拉阿魯哇是瀕危語言，我又是族裡推派的，所以有給一個優先名額。雖然懷孕中，但也沒多想，就接了。」受訓結束，二〇一四年九月開學，回到部落進入興中國小幼兒園服務至今，正式成為族語教師。

但她的姐姐余淑美就沒這麼幸運了。「我覺得還是生活壓力所致！」對於自己的姐姐沒辦法繼續從事族語教學工作，余淑華說出內心感受。

對族人而言，謀生還是最重要的，因為姐姐的先生是軍人，在台南那邊服務，所以只能搬過去一起住，沒辦法繼續教了。但余淑美還是把兩個小孩留在部落上學，因為興中國小這邊有教族語，現在（二〇一六年）一個小學四年級，另一個大的已經要上國中了。

「最後留下來的只有我一個！」不敵環境壓力，第一批族語種子教師情況如此。幸而，生力軍後繼有人，甚至後來連漢人教師也志願加入拉阿魯哇族語教學行列。

花很多的力氣和家長溝通

余淑華說，興中國小幼兒園推動沉浸式族語教學是一個關鍵。但它是推力，也碰到阻力。因為部落的特殊狀況是，布農遠大於拉阿魯哇，布農人口占八成以上，拉阿魯哇只有約百分之六，比例懸殊。故而拉阿魯哇的完全沉浸，必須照顧到布農族人的感受才可以。

「像幼兒園，我們班二十個孩子，就五個拉阿魯哇，其他十五個都是布農族喔！那這樣的環境，要怎麼推沉浸啊！我們班很多布農族的家長一開始是很反彈的——」她認為，布農家長有認同上的障礙是很正常的，需要被理解，並同理。

所謂沉浸式族語教學，就是上課時，一節課四十分鐘基本上全程都講拉阿魯哇語，包括上課內容和一般生活用語，比如洗手、排隊、吃飯、趴睡、喝水都要和小朋友講拉阿魯哇語，所以布農族的小朋友也會處於這種全拉阿魯哇語的學習環境中，逐漸聽懂、學會講拉阿魯哇語！

這種教學模式，不僅對學校老師而言是全新的方法，對一般家長而言也是全然陌生的，所以事先的溝通非常重要，畢竟多數家長仍停留在孩子上了幼稚園就要學ㄅㄆㄇ國語的觀念上。

「但有的家長反彈很大，不管教的是拉阿魯哇語、甚或他們自己的布農語，他都覺得讓孩子學族語很不好，不管學哪一種族語都對他孩子的未來沒有幫助——幹嘛浪費時間學這個東西，他寧願他的孩子去學英文，也有這樣的家長哦！」

△在布農族較為強勢的部落中，沉浸式的拉阿魯哇族語教育，受到來自布農族家長的挑戰，幼兒園的老師必須謹慎面對、妥善解釋，方能化解疑慮，而讓孩子自然多學會一種語言，也是最好的結果。

「家長會問，學這個能加分嗎？對孩子未來有幫助嗎？」余淑華覺得家長這樣的想法有偏差，只以功利為考量，但天下父母心，還是要多解釋、多溝通。

「也會有小朋友來向我們說，他的爸爸、阿嬤叫他不要學拉阿魯哇語，然後我們會告訴他：你回家可以學布農語，然後就可以來學校教我們布農語了啊！他回去就會問，為什麼家裡不教我布農語。」

「所以一開始要花很大的力氣去和家長溝通！我們會說服家長，到學校不管學哪一種語言，孩子就是多一種語言的能力，對他沒有壞處！何況，拉阿魯哇的孩子也有在學布農語，所以之後家長就慢慢能接受……」

4 拉阿魯哇十布農：多學會一種語言

余淑華特別提到，在拉阿魯哇沉浸式族語教學下，二〇一四年剛開始實施時是拉阿魯哇族語配合國語進行，大約沉浸了一個學期後，孩子們、連布農族的小朋友，就都聽得懂了！等於整堂課就可以全族語教學了。

開學時，就會對孩子實施前測，學期中有中測、學期結束後測，但只對拉阿魯哇族的小朋友施測，布農族小朋友只要生活用語ＯＫ就可以了，還有布農族的小朋友會抗議說為什麼我沒受測。在這樣的情況下，還是有布農族的小朋友學得很快，甚至比拉阿魯哇族的小朋友學得好，所以等於多學會了一種語言。

「其實小朋友很單純的，是家長想得比較多……」從孩子該學習哪種語言產生的困擾，余淑華提到下一代族群認同也發生同樣的問題。

她說，拉阿魯哇族人數很少，如何增加人數是當務之急；即使拉阿魯哇族女性婚嫁後生下的子女，也不一定就是拉阿魯哇族的，因為「除非他的另一半是拉阿魯哇族的，或他先生也同意讓孩子認同拉阿魯哇族。要不，還有另一種方式是，第一個孩子就歸父方那族，第二個孩子歸拉阿魯哇族……，類似這樣的方法，但這還是要看男方願不願意。以我自己為例，是很幸運的，我先生是魯凱族，但我兒子是登記拉阿魯哇族的。我先生ＯＫ，我婆家那邊也沒反對聲音，一點也沒有經過什麼家庭革命的。」余淑華說。

從幼兒園紮根學族語

因此，對於自己小孩的語言教育，除了加強族語，她的心態也是開放的，魯凱、布農都可以學。她認為，「孩子的學習能力很強，多學多好啊！」像她自己，布農語雖然不會講，至少會聽，還是有幫助的。

興中國小幼兒園雖以推動拉阿魯哇沉浸式族語教學為主，但也另聘有本土語（布農語）老師教孩子布農族語。

布農族語教學雖非沉浸式，老師也不像余淑華到幼兒園一待就是一整天，但固定有布農族語教學時段，布農族家長總算能接受了。

「沉浸式教學，我覺得它真的很好，雖然班上只有幾個拉阿魯哇的小朋友，他們升上國小一年級後，基本詞彙還是不會忘記，基礎就打好了⋯⋯」教學現場的回饋，讓余淑華深深體驗沉浸式族語教學的優點，特別是能從幼兒園就紮根學起，更好。

興中國小幼兒園推動沉浸式教學，除了余淑華，還有另一位帶班老師劉曉帆。

「她是漢人，是幼兒園正式教師，而且還考上我們拉阿魯哇語中級認證喔！真的很有心耶，我覺得你可以訪問她喔！」余淑華熱心的向筆者推薦。幾次上山未遇，二〇一七年初夏，終於有機會訪問到這位余淑華口中很有心，樂意學習族語，並把族語融入課程教學的漢人教師。

5 融入部落：漢人教師劉曉帆

我是哭著選填興中國小這個志願的！當時只剩最後幾個名額了，都是我從沒聽過地名的偏鄉，什麼那瑪夏、樟山、桃源、興中⋯。在分發會場，我嚇哭了，台上一直喊我的名字，叫我上台填志願，大家都在等我，但我一直哭，還好有位女老師（國幼班輔導員）過來安慰我，說偏鄉有偏鄉的好，會有不一樣的體驗，說服我上台填志願。我就發抖啊，邊哭邊走上台，下面的人都覺得莫名其妙。填志願時，我手抖得特別厲害。

陌生的山區部落，一開始甚至也不知道是原住民學校，還想放棄重考，劉曉帆心裡一片茫然。她知道家人捨不得她到那麼偏遠的地方，但好不容易考上公立學校……。就這樣，劉曉帆誤打誤撞來到興中國小幼兒園，與拉阿魯哇和布農的小朋友結下五年師生情緣。

是舅舅開車，和媽媽陪她一起上山的，只覺得山路蜿蜒，繞啊繞的，彷彿沒有盡頭。為了寬慰她，舅舅一直說，不會很遠啊，在山上教書一定「很涼啦」！上山第一個星期，劉曉帆淚水沒有停過。

住學校宿舍，部落晚上很安靜，青蛙叫聲格外詭異宏亮，荖濃溪彷彿近在床榻嗚咽，對一個習慣聽音樂入睡的都市年輕女孩而言，也難怪噩夢連連，直到過了三個月才開始慢慢習慣。

曉帆形容自己第一年是在無聊中度過的，第二年跟她搭檔的另一位幼兒園老師要調回故鄉，勸她一起調走，要教她怎麼寫簽呈，就寫說家裡如何如何，很需要她回去，一定會寫到讓校長看了「很動容」。

幼兒園下午四點一到就準時下班，回宿舍「追劇」，這樣「輕鬆」或說「規律」的生活，並不是劉曉帆要的。「我那時候待了一年，其實那一年裡面，有些孩子有給我一些回饋，所以就覺得想要留下來，不想走了！想說明年吧，今年先不要調，明年再調，就這樣每年都說明年、明年，不知不覺就待了五年⋯其實我留在部落十年都沒關係，我很喜歡！原本是想再待的，可是放心不下家裡。」

一個漢人幼教老師如何在一個原住民幼兒園找到合適的教學方法與態度，並獲得高度肯定。劉曉帆說：「說是原住民，但我班上就有五個族群，剛開始真的很挫折，不管是教學，還是對孩子、家長，都很挫折。」

△拉阿魯哇族人口中的漢人教師劉曉帆，在部落一待就是五年，與其他漢人教師急著下山不同。她改變教學方式，以部落的語言文化來教孩子，為此，她用心學習拉阿魯哇語，學習部落文化，真心接納孩子，和孩子玩在一起（照片提供：劉曉帆）。

就很大的衝突啊！因為我都用我主流的、漢人的教法。教他們認識捷運啊、認識橋頭糖廠、八五大樓、高雄港，就教高雄的東西就對了，想說這些都是高雄的孩子應該要知道的。

後來發現部落小孩完全沒興趣，教他們ㄅㄆㄇ，也都不想學。就一直吵著要出去跑步，去操場玩，不想待在教室裡。我想把他們 hold 住，hold 在教室裡給他們知識，但他們是部落的孩子、大自然的孩子，一直想往外跑。

從挫折開始，接納孩子、學習部落文化

上山第一年的菜鳥只能跟著前輩腳步，可是這樣教，發現小朋友不快樂，老師也很痛苦，每天都在盯孩子背ㄅㄆㄇ，而孩子回家永遠不會複習，隔天來就忘記，然後老師又要很痛苦的處罰他們，說：「因為你沒背這個，你就不能出去玩，下課就要趴著休息，作為處罰。」

幼兒園午休時，曉帆會抱著孩子睡午覺。有人

提醒她，「原住民小朋友有頭蝨，他們都沒洗澡，你不知道嗎？」

「我很難想像。那個老師就撥小朋友的頭髮給我看，我就嚇到，真的有頭蝨！」小朋友不僅有頭蝨，還有蛔蟲，這現象郭校長極為注重，也用心防治。

曉帆幫小朋友剪頭髮，再帶到學校公廁洗頭洗澡。有老師叫她不要管這個，因為覺得那是家長的事。「其實人家也是為我好，不想我太累⋯」她感慨的說，有家長為了買酒喝可以騎機車上桃源里，但要他們載小朋友去衛生所過個卡（健保卡）拿藥，不用花錢也不願意；郭校長只好派校護上去拿，幫家長把防治頭蝨的藥和頭蝨梳（密齒梳）都準備好。

但替家長做太多，有些老師也會反彈，認為這不是學校責任，為什麼要攬起來，會養成家長依賴性。「因為是原住民校長，郭校長想幫孩子做更多，照顧每個孩子，但一舉一動都會被部落用放大鏡檢視，又要面對老師意見，真難為他了。」

漢人老師都是考試分數分發到部落的，對原住民有刻板印象，習慣用漢人的教法，曉帆就這樣在些許不安與困惑中過了一年⋯。直到原來的老師調走後，第二年起，終於可以嘗試改變了。

「大家好，我叫做阿布思，我是女生，我喜歡的顏色是紫色，我最喜歡吃的食物是蘋果⋯⋯」小女孩全程以拉阿魯哇族語大方做完自我介紹後，全場報以熱烈掌聲，老師劉曉帆也與有榮焉，師生倆笑得好燦爛。接著，阿布思抬頭望望站在身邊的老師問：「老師，我們今天要表演的是什麼？」

部落裡不同族群的文化交流

「我們今天要唱的歌是快樂上學去！」曉帆老師回答。穿著部落傳統服飾，劉曉帆在台上牽著小女孩的手，一起唱歌跳舞。與中國小幼兒園二〇一五年親子聖誕「讓愛走動，祖孫傳唱」歲末活動影片，字幕上打出「不僅是族語歌謠傳唱，我們一起唱出自信與認同，更重要的是……一個屬於老師與寶貝間的祕密——唱出師生間的緊密情誼」這段幼兒園上傳放在 YouTube 上的「拉阿魯哇族語師生歌謠傳唱」②，影片中的劉曉帆，除了皮膚白晰點，如果沒特別說明，大家一定都會以為她是個不折不扣的拉阿魯哇族人。

雖是拉阿魯哇沉浸式族語教學，但上課內容也會教導孩子布農族文化，包括射耳祭、八部合音等，讓部落裡不同族群的文化有交流機會，促進孩子對不同文化的欣賞和尊重。

劉曉帆善用文化回應教學和家庭知識基金，不管家裡是種南瓜、芒果、愛玉，或會打獵、編手環的，讓每個家長都成為她教學的專家顧問，一起來教孩子。

有次天黑了，家長沒來接小孩，她帶著學生過河到美瓏部落，發現原來媽媽喝醉了。這媽媽常常喝醉沒來接小孩，家裡務農種蔬果，曉帆老師轉念想到何不把她拉進來，於是邀請她來教孩子耕種的知識；後來帶另一位學生回家，看見滿屋子掛的山豬頭骨，知道他阿公是位會打山豬山羌的獵人，這樣又多了一位教學專家。

當然一開始家長都會害羞，推三阻四不願來，但送上小禮物表示誠意，慢慢拉近距離，就成了。

「因為對拉阿魯哇的文化了解不夠，所以我透過拜訪耆老，多跟家長閒聊溝通，發現他們生活中有很多文化素材可以融入教學中……」例如貝神信仰對孩子來說太抽象，為了讓學生了解聖貝祭，她帶著幼稚園小朋友，趁大雨過後，在部落草地找大蝸牛殼，撿回來清洗消毒，曝曬乾淨了，再讓孩子拿來彩繪創作，把抽象的貝神具體化，「雖然那並不是真的，却充滿孩子的創意與想像力。」

沉浸式族語教育獲得肯定

原民會一〇三學年度起開辦幼兒園沉浸式族語教育，興中國小附幼於一〇四學年度榮獲教育部頒發教學卓越獎金質獎，還拿下包括：全國沉浸式族語教學績優幼兒園第一名、劉曉帆老師獲頒沉浸式族語教學最佳教保人員第一名、余淑華老師獲頒沉浸式族語教學最佳族語教保人員第一名、郭宥汝小朋友獲頒最佳族語寶寶獎、卡洛．伏怒小朋友獲頒最佳族語共學獎等榮譽。

這些成果得來並不容易，尤其是族語教學部分，從曉帆老師主教，余淑華一旁學習帶班開始，到兩人相互配合，最後放手給淑華老師，再到兩人可以毫無滯礙的同時雙主教。兩人不斷溝通磨合、嘗試錯誤，學生才能跳脫過往以華語為主，再翻成族語的學習模式，從隻字片語的零碎學習真正進入全族語的沉浸式學習中。

到了後期，原本生嫩的淑華老師已可獨挑大梁，單獨穩健帶班；而曉帆老師也學會較多族語，不再處於隨時需要淑華老師翻譯支援的困境，兩人都有所成長。至於超出兩人能力範圍的族語，她們會搬救兵，找游長老和枝潔老師幫忙。

除了教學，還要入境問俗，劉曉帆融入部落生活，一有機會就參加部落祭典，也跟著耆老踏查學習，求知若渴，努力充實對原住民文化的了解，終能對布農和拉阿魯哇文化有所掌握，熟悉部落大小事，簡直就像個定居部落裡很久的原住民，而非外人了。

我覺得是孩子，孩子的感動把我留下來的。其實我第一年就可以調走了，那時候有個中班孩子，住在過河的美瓏社，小小個頭就這樣抱著我，看著我說：「老師是不是明年就走了？」眼睛清澈明亮。當時我有一點，有一點心疼，就因為她這句話，我留下來。

△興中國小水池的雕像改為拉阿魯哇與布農共同搗米。

△孩子跟隨宋玉清委員學習狩獵技巧。

之前，很多人問我幹嘛在山上待那麼久，是因為喜歡嗎，是的，我喜歡的是那裡的孩子。我常想，為什麼偏鄉留不住老師？一個幼兒園中班的孩子，才四歲，就意識到他們每年都在換老師……

決定要下山時，游仁貴長老眼眶泛紅，握著曉帆的手，依依不捨的說：「曉帆，妳真的要走嗎？確定嗎？」

「媽媽要照顧外公，外公越來越老，身體越來越不好，我怕他失智，像阿嬤一樣忘記我。」為了讓曉帆安心留下來，郭基鼎校長甚至想在部落租一棟房子，讓媽媽跟阿公上來陪曉帆住，可是老人家看病麻煩，終究不可能。

6 校長的擘劃與堅信

身為族人，一〇二學年度，當學校主任時，郭基鼎就積極配合族人推動拉阿魯哇正名運動，寫計畫爭取原民會沉浸式族語教學，從幼兒園到國小，教孩子唱拉阿魯哇的歌，跳拉阿魯哇的舞。擔任校長後，極力推動開辦幼兒園課後留園措施，克服重重阻力，一心一意無非想讓部落的孩子在學校獲得更好的照顧。

「校長的理念就是要顧好每一個孩子，讓每個小孩的家長都不要花到一毛錢⋯小孩在學校吃得很好，回家都沒吃也沒關係，因為我們小孩有一餐沒一餐的，開課後留園，留孩子到六點，小孩就可以在學校吃飽又上課。」雖然有老師不願意參與課後留園，寧願四點一到就回宿舍，但曉帆深知郭校長用心，樂意配合。

不過，也因為拉阿魯哇族人的身分，在布農族居大的部落中推動族語文化復振，郭基鼎的挑戰並不少。興中國小校園裡，原本樹立布農族一男一女共同搗米的兩尊雕像，郭基鼎把它改成一個拉阿魯哇、一個布農兩尊女生的雕像，以符合部落族群情形，但被布農族人質疑「為什麼要把我們的雕像改成拉阿魯哇的。」

推動沉浸式族語的情形也同樣遭到反彈，「覺得學校在搞同化，校長帶頭做同化，幼兒園老師都在同化，布農族被同化了」。布農家長提出質疑，質疑學校為什麼要同化我的孩子；不只家長，連輔導國幼班的教授都說，明明拉阿魯哇比例那麼少，為何要在布農族孩子居多的班級推拉阿魯哇族語沉浸，「你們這是在同化布農族的孩子」。

間接刺激其他族群重視自己的文化傳承

當時，第一線承受壓力的，當然是幼教老師。劉曉帆回憶，曾經有一次受不了要哭了，覺得很挫折，就跟郭校長說：「校長，我覺得我們現在做的這件事，做得這麼辛苦，又要被質疑，怎麼辦？我現在做的到底對不對，我覺得很累……」。那陣子，白天上課，晚上要加班趕計畫資料，教學加行政，工作量是平時四、五倍以上，又要面對外界批評，劉曉帆可謂心力交瘁。

當晚，郭基鼎也還留在學校忙，面對老師吐露一直被人家質疑覺得很累的心聲，他語氣堅定的跟劉老師說：「你只要抓準我們的核心目的去做就對了，反正你不要管那些聲音，我們學校在做的這件事情很重要，你要想你現在是在幫助拉阿魯哇族人跟他們的孩子，一個語言文化瀕危的族群，你教會了一個，讓他會講族語，這個又傳承下去，就是很大的幫助，不做就沒有了。」

郭基鼎義無反顧的堅定意志與信念，給劉曉帆打了劑強心針，穩定了一顆風雨飄搖的心，讓她像吃了定心丸般，得以持續在教學現場投注心力下去。而這一切質疑與雜音，都會在族語教育成效逐漸顯現時，慢慢消退。

其實學校裡有些布農族老師，也覺得現在校方推動沉浸式族語幫助拉阿魯哇有其急切重要，不但願意協助，而且也間接刺激他們更重視自己的文化傳承。看到孩子在學校學習拉阿魯哇族語，阿美族的阿嬤會說，回去也要教自己的孫女開始學阿美族語了。

而有次在校長室聊天時，一位學校前主任，布農族的耆老竟然吃味的說：「曉帆老師，妳這樣太過分了哦，妳都幫拉阿魯哇，拉阿魯哇都起來了，布農不能輸喔，我現在要認真來講族語了！我們也要辦夏令營，辦語言巢。」語畢，校長室響起一陣笑聲，大家如沐春風。

①引述，詳見台原偶戲團「台灣不見了，光影巡迴計畫：找回自己的聲音—拉阿魯哇」https://youtu.be/48at1WqrNe4。
②高雄市桃源區興中國小幼兒園相關教學影片，詳見 https://www.youtube.com/channel/UC968Yx2wu_58akb4l9oDjTw。

十一頁：

小小拉阿魯哇 Hlakuta'i 上學去

1 媽媽的隱憂

Hlakuta'i是游枝潔的兒子，游仁貴的外孫，生長在一個全拉阿魯哇族語的家庭環境，何況游仁貴身為復振族語文化的靈魂人物，游枝潔又是興中國小族語教師，在兩代協力用心教育下，Hlakuta'i拉阿魯哇語的聽說能力自然沒話說。

可是，這個家庭也有隱憂，媽媽擔心孩子上學後，會不會就忘記了自己的語言。

這個担心不是沒有道理的，學校裡有各式各樣的語言，比拉阿魯哇語強勢得多的語言，如國語、布農語，以後也許還會有台語、英語等在求學各階段及社會大環境中等著他，是否孩子也許會在不知不覺間「移情別戀」了，慢慢的就不說自己的母語了呢？看看別人，想想自己，母語隨時間淡忘的現象所在多有，的確不無可能啊，所以才令人擔心！

「我發現，開始推沉浸式母語時，孩子慢慢的，看到我的時候，他們會主動用拉阿魯哇的話跟我講，雖然他們不是那麼的會（說出整句族語），但他們會一個一個單字，穿插中文，會說mau（阿姨）kitu（你看），你看他的腳 malicʉcʉ（很黑），就是這個單字慢慢講、慢慢講（變成句子），我覺得他們真的很好，很厲害。」①這是游枝潔對興中國小幼兒園推動沉浸式族語教學的感受與回饋。

但碰到自己的孩子要上幼兒園了，她却不免擔心起來！因為情況實在不一樣。一般孩子是不會講族語，送進幼兒園後由老師教，一點一滴的學；但游枝潔的兒子已能流利的聽說族語，進入新環境後，同學大都講國語（或布農語），會不會反而被混淆或同化了。

原住民族電視台曾對此有段新聞報導：「童好說拉阿魯哇族語，母憂上學後中斷」，頗值得引用②。這則新聞除了忠實反映游家人上述心情，以及家庭教育對營造族語學習環境的優先性與重要性外，也同時帶出興中國小推動族語教學的努力與用心，可以讓家長放心。

2 穿襪穿鞋，上學去

「這個是什麼？」外婆問。

「襪子啊！」Hlakuta'i 回答。

「襪子！」外婆重複。

「是的！」孩子回答。

太陽剛露出山頭不久，Hlakuta'i 準備上學去了，外婆邊幫他穿鞋襪，還不忘邊教他族語。看得出來，正是藉由這樣日常的動作，外婆外公一句句的帶著孫子練習、複習族語③。

「你的鞋子呢？在哪裡？」

Hlakuta'i 一雙好奇的大眼睛，直盯著攝影記者看，暫時忘了回答外婆的話。

「那個攝影的是誰？你知道他是誰嗎？」外婆問。

「我喜歡那個人，我喜歡他喔！」Hlakuta'i 回答，露出童真笑容。

外婆告訴他，那人是哥哥，也許孩子認為攝影大哥當哥哥太老了，回說「不是！」，外婆說：「不然是什麼？」

「我要送你，還是你自己去。」

「我自己去。」

「好吧！那要說什麼？」

「再見！」

其實，從 Hlakuta'i 家到學校，走路幾分鐘就到。背著背包，提著餐袋，拐個彎，Hlakuta'i 進入興中國小校門，門口一隻大黃狗搖著尾巴，跑過來嗅聞他的餐袋，校舍穿堂前廣場已蹲坐不少來上學的孩子們。

每天上課前，興中國小全校師生慣例第一件事大事，就是看著穿堂上方牆上的 LED 字幕機，一起大聲朗誦族語單字和詞彙。

「sidi——」（布農語「山羊」）

「vutukuhlu——」（拉阿魯哇語「魚」）

冬天裡，孩子們個個喊得精神抖擻起來，老師也在旁跟著一起唸，這比什麼精神喊話都有用。

3 外公也擔心

Hlakuta'i 外公游仁貴接受原視記者訪問時，以拉阿魯哇族語說：「那時候他剛要到學校（幼兒園）上課的時候，我就很擔心，怕他一到學校，就會學到很多別的語言，會不會就忘記了自己的語言，會不會被國語拉走，還好現在這所學校，老師有教 Bunun（布農）跟 Hla'alua（拉阿魯哇）。」

但是擁有最好的族語教學環境，不只從幼兒園起就推動沉浸式拉阿魯哇族語，連幼兒園的漢人老師也認真學習拉阿魯哇與布農語言，好把部落文化元素融入課程教學中。但外公游仁貴擔心的事還是發生了，剛進幼兒園時，從小只說拉阿魯哇語的 Hlakuta'i 就因語言問題，一度無法適應校園生活。

族語教保員余淑華說：「他（Hlakuta'i）知道我會講族語，所以他會只跟我講族語，如果其他小朋友找他玩，或是想要跟他玩的時候，他就是這樣子不講話。」余淑華提到 Hlakuta'i 剛上學時，確實不太跟其他孩子講話及互動，發生無法融入同儕的情形。

「然後，後面有開始講話了啦！他會講華語，會慢慢的說：『這個是什麼？』」，用這樣講來回應小朋友，因為他還是要融入其他小朋友中。我也跟我們班上的小朋友提醒，Hlakuta'i 是拉阿

△在大自然的部落環境中，劉曉帆不是把孩子關在教室裡學八五大樓和捷運，而是放他們到戶外野地、抓蝸牛、畫貝神，接觸學習真正屬於部落孩子自己的拉阿魯哇族文化。

△布農加拉阿魯哇，一起學習一起玩。（照片提供：劉曉帆）

魯哇的，你們要盡量跟他講拉阿魯哇。」

從拉阿魯哇族語為主的家庭環境，進入一個多數同學都以國語交談為主的校園學習環境，在族語教師余淑華引領協助下，終於讓國語說得較少較慢的 Hlakuta'i 可以慢慢融入同儕中，一起快樂的學習。當然，他的族語沒有丟掉，也學會了以國語和同儕溝通。

「在以中文跟布農語為主要溝通語言的高雄桃源高中部落，像 Hlakuta'i 一樣生長在全拉阿魯哇族語環境的小孩少之又少，卻也顯得彌足珍貴。」記者在旁白中說。

郭基鼎校長坦言，Hlakuta'i 在家裡講母語很自然，但到學校空間時，校方充其量只能提供充沛的單字學習環境，要達到非常流利的族語對話，還是有非常大、要努力的空間啦！

4 放學回家、番茄熟紅

夕陽西斜，放學了！外公親自來接 Hlakuta'i 回家。

「可以回家了嗎？」游仁貴邊問邊拉著孫子坐在身旁，一手搭在他肩上。

「嗯——你看水溝裡有長出一棵佛手瓜苗！」Hlakuta'i 以族語回應外公。兩人一起彎下腰，朝著教室走廊外的水溝裡看。

「在哪裡？」外公問。

「在裡面，但它已經乾枯了，死了。」

「是喔！」

「你看那個燈都沒有亮，聖誕樹上的燈。」學校布置的聖誕樹，還沒到點燈時刻，Hlakuta'i 開心的告訴外公他的發現。

祖孫間的對話就這樣輕輕鬆鬆的展開，充滿日常性、隨機性，孩子看到什麼就說什麼，拉阿魯哇語不假思索便脫口而出，不帶一個中文單字。

「你看這個是什麼？」這次換成外公主動提示，指著走廊上的布置說：「那是趕鳥器！因為鳥會吃小米喔！」外公告訴 Hlakuta'i。

「對啊！那是一個趕鳥器，但是只有一個而已。」Hlakuta'i 重複外公的話。

「對啊！一個。」游仁貴說：「那我們要走了喔！」

離開學校，出了校門，返家途中，仍處處都是學習的場景。看見路旁種植的番茄結實纍纍，Hlakuta'i 忍不住跑向前，在茂盛綠葉中翻找熟紅的果實；外公也跟著停下腳步。

「那個番茄長得像睪丸一樣！」Hlakuta'i 出奇一句話，讓外公忍俊不禁，噗嗤笑了出來。

「不要亂講話！」外公雖出聲制止，但還是止不住的笑，孩子也跟著笑了。

「這個是什麼？」外公趕緊轉移話題。

「番茄！」Hlakuta'i回答。

「那個呢？」外公再問，指指綠色的大番茄，再指著Hlakuta'i手裡剛摘下的小番茄說：「番茄有兩種，那個是大顆的還沒熟，這種小顆的熟了。」

Hlakuta'i把紅色小番茄塞入嘴裡，外公問他：

「好吃嗎？」

「嗯！」

「很甜嗎？」

「很甜！」Hlakuta'i吃得津津有味。

「很甜嗎？很酸吧！應該很酸吧！」外公笑著懷疑。

「很好吃！」Hlakuta'i肯定的點頭。

「好吃喔！」外公指著小番茄，接著說：「你看這種的小番茄已經熟的，有很多了。」

「那個真小！」Hlakuta'i也指著躲在葉縫中的紅色小番茄說。

「對啊！很小啊！」外公說。

風漸轉涼，西傾的太陽，此刻在重重山麓投下西山的陰影，也拉長了祖孫倆歸途身影。不久，餘暉暮靄便要精彩登台。

5 外婆懷抱

回到家裡，Hlakuta'i立即依偎在外婆懷抱中；婆孫倆綢繆親密，並肩坐在庭院的塑膠椅中，才上學不到一天光景，卻好似離別多久的情人般。

Hlakuta'i仍好奇的指著、看著這天跟拍他這麼久的攝影鏡頭，邊拉著外婆粗大的手指玩。看得游仁貴也笑了出來。祖父母對這孩子的疼愛，自然流露。

「地上有很多螞蟻喔，牠會咬人喔，而且我知道，牠們也很會吃肉喔！」Hlakuta'i 席地坐在兩老中間，把玩一把柴刀，邊看著地上的螞蟻說。夕陽餘暉染黃了庭院角落幾株在習習風中搖擺的香蕉樹葉，也將一片金黃灑在祖孫三人微笑的臉龐上。

「要傳承族語給小孩，應該要從小跟媽媽、阿公一起生活一起學習，也就是從小在家學習、學會。如果到學校，可能被其他語言感染，所以從小在家庭講族語，才能真的記得自己的母語，真的記得，就不會忘了。」Hlakuta'i 外公游仁貴語重心長的說。

族語教師余淑華也認為：「其實學族語，最根本還是要從家庭學起，如果家庭不說不教，只有學校教，效果也有限；家庭有在教，小孩回家後，可以練習，生活上實際用得到，效果才會加倍。以我為例，因為我爸爸、媽媽完全不會講族語，他們都說國語，所以族語傳承到他們那邊就斷掉了；但游仁貴老師不一樣，他從小就講族語，所以他的子女，像游枝潔老師就學得比較快、說得比較好，她的小孩也同樣。」

現在，在家庭教育和學校教育合作下，拉阿魯哇族語傳承的甜美果實，就像 Hlakuta'i 口中的鮮紅番茄般，雖小，卻已頗有所成，也讓人對拉阿魯哇族未來的文化復振之路充滿信心與期待。

6 「大黑熊班」的一天

Hlakuta'i 的家人其實不用太擔心，他的基礎很好，拉阿魯哇語沉浸式幼兒園不會讓他被其他語言拉走，只會多學會另外的語言，這是好事！

沉浸式幼兒園的一天是怎麼展開的？在老師協力用心教導下，「大黑熊班」的孩子們沉浸在族語環境中的學習有多快樂？一段來自興中國小幼兒園的影片，因為有中文字幕，讓我們可以清楚看見並了解師生的互動與對話④。

△部落的孩子，在幼兒園老師劉曉帆的讚美與教導下，一個個活潑喜悅，不知不覺就學會了自己的語言與文化，沒有負擔壓力，這種快樂的族語文化學習氛圍的營造，居功厥偉（右照片提供：劉曉帆）。

「tam mutuvavʉrʉnga（早安！）」

興中國小幼兒園「大黑熊班」一天的作息就從拉阿魯哇語的「早安」開始，孩子們進入教室向老師請安問好，書包放好後，開始用早餐，餐後自己清潔整理環境。小男孩拿著小畚箕和小掃帚在舖木地板上細心打掃，「acahlicui（可以了嗎？）」；「a'e acahlicui（好，可以了！）」老師回答。

這是美好的早晨時光。學習區內，寶貝（老師暱稱孩子）玩著積木堆疊建構的益智遊戲，小女孩開心的問：「pakiaturua kumakita ihlaku salia（老師你看我的家！）」。老師稱讚她：「tam mavacange saliau（哎！妳的家很棒！）」

操作教具時，老師與寶貝們合力進行拉阿魯哇聚會所拼圖，完成後，小男孩雙手比出勝利手勢說：「tapuhlaihlia（男子聚會所）」，旁邊的女孩也跟著一起唸出這個單字。

「拜訪耆老」是最受小朋友歡迎的活動，部落耆老與家長們總是熱情親切的歡迎師生到來。老師帶領小朋友走出教室，小朋友蹦蹦跳跳、嘰嘰喳喳的像要去郊遊般興奮，第一站是到離校園最近的游仁貴耆老家拜訪。

叩叩叩！「marui cucu'a（有人在家嗎？）」小朋友們在游長老家門口，齊聲、大聲的叫門，住再遠、耳朵再背的人也聽到了。鐵柵門半掩，只有躺在地上的老黑狗，懶洋洋、動也不動。

今天游長老不在家，游枝潔老師出來接待他們。大家圍坐在正屋旁的涼棚下，桌上放著拉阿魯哇族祭典和日常生活常見的陶甕、藤圈、紅繩、一根木棍和木板等器物。每次拜訪耆老，孩子們都好奇的問東問西，充滿對族群文化的興趣。

孩子們紛紛舉手，一位小女生迫不及待的搶先發問：「pakisuahlai nau pakiaturua（請問 nau 老師，為什麼他們要用藤圈跳舞？）」；「為什麼祭典中要用 tamu？不是可以直接進去跳舞嗎？」另一個小女孩又問。游枝潔老師詳細為她們解說。

拜訪耆老，讓孩子體驗傳統文化

接著，讓小男生體驗拉阿魯哇祖先鑽木取火的經驗，原來桌上擱的木棍和木板是用來鑽木取火用的。游枝潔老師的兒子 Hlakuta'i 先示範，把木棍尖端對準木板中間的洞，雙手使勁不斷搓轉，利用發熱來引燃。小朋友們輪流嘗試，使盡吃奶力氣；其他小朋友在旁加油：「ucani usua utulu upate ulima（1～2～3～4～5）」這塊厚重木板中間，雖早因常受鑽動而發黑燒焦，但孩子力氣小，要真的生火成功並不容易；但文化萌芽、文化傳承，已盡在其中。

回學校吃午飯了，孩子們餐前要先用肥皂洗手、洗乾淨，養成良好的衛生習慣，學習生活自理能力。這段師生對話流利，僅老師偶而以中文提醒。

「maravamucu ,umala siahlavu（我們在洗手，有拿肥皂。）」

「tam mavacange（好！搓一搓，很棒哦！）umavali umavali（等一下，聞一聞。）」老師要他們確認洗乾淨了。

小孩子把沾滿肥皂泡沫的雙手靠近鼻子嗅聞。

「avalia（有臭臭的嗎？）」

「ku ku avalia（沒有，沒有臭臭的。）」孩子驕傲的向老師展示他洗得乾乾淨淨的手。

「aunini（怎麼了？）」老師問。

「uka'a aure（沒有髒了！）」孩子回答。

「a'e tam mavacacange cu（好的，很棒喔！去吧！）」孩子開心的和老師擊掌，進教室，準備用餐。

午餐終於上桌了，老師問：「mamaini kumita misaini（孩子們，看看碗裡有什麼食物？）」孩子回答：「maru uuru maru papa a maru camai（有飯、有豬肉、還有菜跟魚……。）」

「a'e paakiau ta meemea（好，我們一起禱告吧！）」老師期待孩子帶著感恩的心，認識並享用每餐的食物——開動啦！

午睡後，下午是「大肌肉活動」的時間，場景換到學校操場。

「pakiaturua arumukuaku mitahlahle（老師，我們好喜歡跑步！）」兩個小朋友笑著，以跑百米的速度，跑離鏡頭，風一樣，老師追不上他們。操場前，司令台下一排沙漠玫瑰開得正艷，花朵火紅，吸引孩子駐足。

「mamaini kumakita misaini（孩子你在看什麼？）」老師笑著問。

「tavahlihla（花。）」，男孩又補上一句：「arumukuaku tavahlihla（我喜歡花。）」

老師問同時看花的另一個女孩：「hla'u! tavahlihla masalangesange（花漂亮嗎？）」

「a'e masalangesange（是的，很漂亮。）」

hla'u 摸著柔軟的紅色花瓣，笑得比花還要燦爛。

①引興中國小幼兒園，https://youtu.be/c4PqkQDrZOg，2016-11-28。

②TITV 原視新聞，https://youtu.be/KbbTBRi2lwg，2017-01-25。

③此則新聞報導中，祖孫全程以族語交談，中文對話係由筆者引自影片字幕，特此說明。

④興中國小幼兒園，https://youtu.be/ET3HnieFB6Y。

十二貝：展演、祭儀、實踐：嘹亮天際、舞動大地

當貝神再次聚首
Miatungusu 就此展開
讓我們牽起雙手
遙想矮人的祝福
一起在那日昇之地傳唱[1]

1 重回舞台：從被觀賞到觀賞

當漆黑的大舞台螢幕上秀出「Miatungusu」字眼，不管台上或台下，拉阿魯哇族人為之動容。觀看整場表演，族人的淚水在眼眶裡打轉，那是貝神、也是祖靈的召喚與應許，他們辦到了——不僅自己，也讓別人大聲喊出自己的名，回應來自日昇之地 Hlastʉnga 的召喚。

這場表演與二十三年前在國家劇院的那場演出大為不同了！上次是在「南鄒」的身分下，略帶違和的文化展演，好像頂著別人的名號站上舞台，這次換成族人坐在舞台下觀賞專業舞團的演出，氣勢磅礡，原來自己族群的文化如此震撼、動人，這種驕傲與自己舉行祭典不同，它代表來自外界的肯定與他人的宣揚。

二〇一五年八月十五日，拉阿魯哇族人應邀至屏東縣三地鄉的台灣原住民族文化園區觀賞「再回到那日昇之地」首演，這場表演非常成功，贏得滿堂彩。一反過往由族人在舞台或廣場上表演給別人觀賞的情形，游仁貴等耆老及族人這次坐在舞台下，觀賞別人演出貝神祭，這種主客易位的經驗非常奇妙，也格外具有新意！

演出成功，觀賞表演的拉阿魯哇族人個個與有榮焉！他們在表演結束時上台，與舞台上的表演者一起歡呼、歌唱、拍照，演員與觀眾開懷同樂。

觀光式、遊樂園式的原住民文化展演雖然有庸俗化、商業化、流於表面、甚至喪失傳統精神的危險，但也是文化經濟的機會。正名後，族人祭儀對外公開，已帶有展演性質，目的是為了推廣族群文化不得不的決定。

但正式祭儀的流程和內容都有嚴格的規制，禁忌亦多。既是展演，如果能夠由他人，而且是專業表演團體操刀，那情況就改觀了，舞團將可在維持傳統文化精神的基礎上，發揮想像力與創造力，展現其專業技能，既獲族人認同，也能更以緊湊精彩的演出及各種舞台效果，吸引觀眾。

觀賞他人表演自己，放大推廣能量

同時，這場展演過程中，舞台後方布幕配合秀出祭典的文字說明，也可以讓所有觀賞者都能了解祭典的流程與其意義所在，既消除文化隔閡，也讓其他族群更能領略拉阿魯哇文化之美。這場演出是台灣原住民族文化園區在拉阿魯哇正名後，由娜麓灣樂舞劇團花了一年時間籌備規劃的成果。

演員及工作人員還特地到拉阿魯哇部落進行田野調查，訪問耆老、參觀祭典、上課學習、錄音拍照、攝影紀錄等，多數人（其中有位團員林俊彥是拉阿魯哇族）從零開始認識這個過去全然陌生的族群，一字字的誦念他們的語言，一句句的學唱他們的歌謠，一步步的練習他們的舞步，熟悉他們的祭儀文化等，反覆練習再反覆練習，投注心血排練，最後才能辦到。

這是場表演，更是趟文化學習之旅！其彰顯的意義在於，拉阿魯哇文化被他人學習並推廣，並獲得外界欣賞喜愛；而且得以由專業舞團常態性的在知名機構場館的舞台上演出，對拉族文化的宣傳更是有利，其能見度更高。

娜麓灣樂舞劇團隸屬原住民族委員會原住民族文化發展中心，為長駐台灣原住民族文化園區演出的團隊，演出內容以台灣原住民族十六族群之傳統歲時祭儀與生活文化為主，再以現代手法，轉化為創新樂舞。

2 展演、再展演，直到牢記

拉阿魯哇人數雖少，但並不孤單！因為，他們一唱，眾人都和；他們一跳，眾人也跟著舞踏。貝神的召喚，不僅族人，連外族人都感應到了，並以實際行動紛紛加入他們的行列。拉阿魯哇文化之美，得到更多展演，獲得更多欣賞與感動，不只他們自己。

其實，早在二〇一三年十月，位於花蓮的東華大學原住民族學院舞團就在「活力二〇一三E起舞動：全國原住民族青少年及兒童母語歌舞劇」成果公演中，排練演出「遙想矮人的祝福：雁爾社聖貝祭樂舞」，當時拉阿魯哇尚未獲正名，仍被稱為南鄒族：

頭目家東側的柱子，頭目家族的人與部落勇士圍繞著哼唱歌謠：「活該，聖貝被我們偷走了」。頭目小心翼翼的將藏有聖貝的小甕自地板挖出，準備進行聖貝薦酒。祭場上，部落族人引頸企盼著聖貝的到來，娓娓唱出 lualikiji 貝神祭前歌，傳頌著來自祖先的叮嚀……②

正名前及正名後這幾年，除了部落舉辦的年度盛大祭典，拉阿魯哇文化推廣的隊伍把握機會，可以說無處不往，只要有邀請他們表演的地方就會去，連筆者服務的學校（高雄市空中大學）也到過，他們抓住所有可以宣傳自己族群文化的場合。

盡情歌舞吧，拉阿魯哇的孩子

二〇一四年五月二十四日，游仁貴長老受中華職棒之邀，於高雄市澄清湖球場，Lamigo 對義大球賽，擔任開球貴賓。賽前表演，二十幾位小朋友上場，毫不怯場的在「超大」舞台——棒球場上「大氣」演出。

當時還是興中國小教務主任的郭基鼎，特地帶去足堪配合球場尺寸的四顆超大型的貝殼道具。場上，小朋友拿著芒草束奔跑呼嘯，男男女女牽手圍圈，跳足騰踊，且吟且歌。這是許多球迷第一次認識這支少數族群，深受他們載歌載舞及奇特的貝神信仰感染。

「第一次在這麼大的場合，對這麼多人表演，我們一點也不會緊張，反而覺得要扯開喉嚨，拉大嗓門來唱，才能讓大家聽到。所以我們越唱越大聲，跳舞的動作也越來越大。」

「在球場上高聲大呼，真的很過癮呢！」

「赤腳在球場草皮上跳舞的感覺，真的很特別，不僅看台上的觀眾，棒球隊員和「洋將」（外籍球員）都受到我們歌舞的感染，看得目不轉睛，連球隊人氣吉祥物——『大義』與『唐基』也學著我們相擁而舞，真的非常好玩！」小朋友們對這場超大場地的演出，印象格外深刻，也建立並加強了他們往後各場演出的自信。

△拉阿魯哇族的聖貝祭，吸引外界關注，也衍生一些干擾情形，如田野紀錄工作者搶拍畫面，遊客撿拾聖貝，甚至攝影人士大聲咆哮等，這些都是缺乏自制、不尊重族人的行為。

正名後，興中國小拉阿魯哇表演團隊（含合唱團）更「南征北討」，後來連幼兒園的孩子也上場。室內、戶外、醫院、學校、博物館、各種公私立機關單位、各種參訪機會，還有種種比賽、表演、典禮，對學生而言，都是族群文化展演的舞台，這是推廣、也是交流，所以有時路途再遠，老師們再累也會帶他們去。

一趟下山，雖舟車勞頓，回程車上老師累癱了，但學生依然精力旺盛；孩子盡情表演，大開眼界，值得啊。

不管是展演、祭儀或活動，現場舉辦之後，藉由文字及影音紀錄，透過傳統媒體的報導，以及族人和友人自行運用網路平台及各種社群網站等新媒體，都可以再把這些感動傳播出去，讓拉阿魯哇文化獲得更多了解與欣賞。

但許多影片都因缺乏中文字幕，而無法明瞭其內容、意義為何，例如歌謠優美，却不知道在唱什麼？也不知道影片中族人在說什麼、對話內容為何等，有點可惜。如果能適度在相關影音資料上傳前，費心後製，加上詳盡的中文字幕對照，將更有助了解拉阿魯哇文化。

3 祭儀，不是活動

又到了一年一度的聖貝祭，拉阿魯哇族二〇一七年聖貝祭於二月二十五、二十六日舉行，與往年相同，分別在桃源里四社部落及高中里美蘭部落舉行。

去年祭典發生觀賞祭典的遊客撿拾聖貝的憾事，沒想到今年發生更嚴重的咆哮鬧場事件，不過藉此也讓族人及外界重新省思傳統祭典的定位，究竟如何在文化推廣與維持文化神聖性之間取得平衡。

為推廣族群文化，正名以來，每年聖貝祭都歡迎外界參觀，也特意濃縮原本為期六天冗長的祭典，並改兩三年一度為年年舉辦，族人用意無非是讓民眾更了解並支持這支少數族群。

因此今年（二〇一七）聖貝祭舉辦前，族人援例透過媒體宣傳，歡迎民眾前往一同感受原住民文化之美。二月中旬起，媒體即陸續報導聖貝祭即將舉行的消息。

二十六日，第二場聖貝祭，高雄市長陳菊更親自前往表達祝賀之意，希望聖貝祭規模一年比一年更大，讓更多民眾瞭解拉阿魯哇傳統祭典之美及其重要文化意涵，也鼓勵族人努力將自己的文化發揚光大。

陪同市長出席聖貝祭的高雄市原住民事務委員會主委谷縱．喀勒芳安也大力推廣桃源區每年舉行的洗愛玉及梅花季賞梅活動，歡迎遊客到山區體驗原住民族文化。

然而，正當祭典舉行，拉阿魯哇族人吟唱莊嚴的祭歌時，場外突然有人大聲咆哮，完全不顧祭典，引起一陣騷亂。原來是有位攝影人士不滿畫面被擋，大聲叫囂，要場內三位負責攝影的工作人員滾出祭場。為維持秩序，當下即由郭基鼎校長和謝垂耀理事長兩人趨前制止，進行溝通安撫，向其說明場內攝影工作人員是族人特別請來記錄完整祭儀過程的，但仍不為接受。

原來今年祭典籌備期間，族人討論決定，為了不讓遊客或攝影愛好者在祭典進行中有脫序行為，干擾祭典進行，因此特別規劃「攝影區」集中管理，免得大家拿著相機亂入祭場，到處亂走。這項限制當然不及於族人派出，負責攝影紀錄的工作人員。

工作人員可以不受「攝影區」限制，自由進出祭場，近距離靠近祭典流程中的族人，以取得最佳畫面。但這樣一來，有時勢必擋住待在攝影區裡的其他攝影人士的鏡頭，因而暴發抗議事件。

反客為主，有違作客之道

事實上，以筆者連續幾年上山參觀祭典的經驗來看，外界人士確實經常因為取景心切，而任意接近、進入祭場，甚至大剌剌，毫不客氣的擋在進行祭典動作中或行進動線上的族人面前，嚴重影響祭典的進行，更別說祭神的神聖性了。而且，一個人這樣做，其他人有樣學樣，大家都拿著相機、攝影機近距離圍著祭典中的族人拍，實在不尊重。這已經遠遠超越了受邀「客人」至主人家應有的基本禮儀了，即使在戶外公開場合也已逾矩。

特別是雁爾社那場祭典，感覺更嚴重，來採訪的攝影記者也好、來做田野調查的學者學生也好、愛好原住民文化的攝影人士也好、一般遊客也好，大家都搶鏡頭搶得很兇，而且因為祭典開始於凌晨，在月亮高掛，天色猶暗的環境下，閃光燈此起彼落，還有攝影機打光，在在破壞聖貝祭的神聖性與神秘性；聚會所上不去，攝影人士個個想方設法的攀援，場面就是一個「亂」字。

就算一般的活動、典禮，也不可能這麼放任，何況是原住民的聖神祭儀。這是祭儀，不是展演；連展演都不能容忍的事，怎麼可以發生在祭典上。難怪有不少原住民的祭典後來都不再開放觀光客參觀。是拉阿魯哇族人太善良、太好客了！甚至在祭典後，準備菜肉豐富的粥，招待參觀祭典的人食用，怕大家餓著了。

想來慚愧，筆者當時雖已察覺不妥，但也因主辦單位沒有限制，而跟著大家搶拍畫面，恐怕已造成負面影響，深感歉意。

族人想紀錄自己的祭典，卻被外來者批評，抗議不公平。族人也很生氣，認為這種說法不合理、也不尊重主人。郭基鼎當場受訪時表示：「在場內服務的都是我們的工作人員，我們邀請他們一路跟拍，從尋根到聖貝祭，讓我們的文化可以留下最好的見證，我們充分授權他們有優先攝影的權利。」陳思凱也說，身為外來客人，進入部落，發生這樣不禮貌的行為，表示還有很大的學習和進步空間。

活動？展演？所以可以！那如果是祭典呢？從這裡開始思考，可以發現一個微妙的兩難或弔詭之處。也就是，在保存、推廣原住民文化時，如何在放與收之間取得一個平衡點？

4 區劃明確：掌握文化詮釋與操作的主動權

不可諱言的，遊客、觀光客會因原住民祭典的

「文化奇觀」，在一窺神秘的獵奇心理下，不辭其遠的上山參觀，並帶來經濟效益。在一定程度上，部落也希望有人潮、有商機，所以官方（原民會）協助推廣拉阿魯哇的貝神祭，並行銷桃源區的農特產品，以及相關生態旅遊行程。

但當活動與祭典混淆，或祭典展演化、活動化，情況就有變質、甚至失控的可能。這就是該位攝影人士以「族群活動」形容拉阿魯哇族神聖祭典的情形，因為是活動，所以可以……。活動，

△ 2018 年聖貝祭在美瓏社舉行情形，由游仁貴長老主祭。

△族人邀請專業團隊跟拍所有祭典過程。

總感覺比不上祭典神聖，所以可以……

早在莫拉克風災前，桃源鄉就開始舉辦「貝神與梅花祭」活動，安排觀賞「南鄒族沙阿嚕哇族」「貝神祭」，結合寶來溫泉，推出賞梅泡湯、體驗塔羅留溪生態及品嚐原住民風味餐的一日遊行程。既推廣族群文化，又可提振、活絡部落經濟，嘉惠族人收入。

問題是當把祭典放入觀光行程中，可能會造成遊客視祭典為表演的情況，也就是把祭典當成表演活動來看，結果產生主體轉移的現象，變成遊客為主，祭典是表演給他們欣賞的，好像遊客具有主導權，或說部落要迎合遊客的需求。

這樣一來，原本正式、莊嚴的祭儀傳統就有走調的可能，它即使不是發生在部落族人身上，也會發生在遊客的心態上。部落仍堅持祭儀的神聖性，但遊客視其為表演活動，雙方產生認知上的落差。

既然是表演活動，就是遊客消費的一部分，祭儀遂被消費，貼上標價，買主是外來遊客，他們遂有權介入、要求、主張。因而重點還是要回到部落族人如何掌握主權，決定，並重新劃定祭儀、展演與活動的邊界，清楚說明，且嚴格操作，落實執行。

亦即，拉阿魯哇族的聖貝祭，以及其他祭儀的舉行，能不能彈性化、變通調整，由族人決定，絕對是族人的主權，外界毋須置喙，也沒有權力干涉。可以不再對外展演，完全回復傳統，只有族人才能參與。但也可以進行明確的劃分，依不同的時間（季節時令）、空間（地點、場所）及目的（功能、意義），來區別祭典、展演及活動。

活動展演彈性，但祭儀的神聖性不可冒犯

每年一次在部落祭儀場內舉辦的聖貝祭大典，毋庸置疑的，是神聖性、傳統性的祭儀。祭儀場不是舞台、不是活動現場，即使開放參觀，遊客也不是取悅的對象，參與祭典的族人才是主人，對不守規矩的遊客，可以下逐客令。

其實，聖貝祭對族人本身就有諸多禁忌，連族人都得嚴格遵守，何況外人。

貝神祭的禁忌有：1.祭儀當天，部落所有飼養的動物須關好、綁好，不可讓動物闖入祭儀場。2.小孩不可闖入祭場內，違犯者，家長要接受嚴懲。3.參加祭典的所有男女服飾要整齊，並且要綁緊，不可鬆脫，若服裝掉落地上，會有生命危險。4.所有族人都必須準時參加祭儀，不可缺席。

而正式祭典外，如前述，包括族人應邀到國家劇院或文化中心等舞台，以及各種室內戶外舉辦的貝神祭相關歌謠、舞蹈、舞劇等表演（包括外界團體表演的聖貝祭），具有展演性質，它一樣可以彰顯莊重的氛圍，但卻都有個共同的訴求對象——觀眾，無論他們是抱著什麼心態來觀賞。

有些則屬於活動性質，例如非正式性的、具交流性質的、小規模的、短暫的、臨時的表演活動或私下的練習等。而展演及活動這兩項，應被賦予較大的彈性，容許更多創意與想像的發揮，好讓傳統揉合現代的元素，達到更能有效推廣族群文化的功能。

此外，具娛樂觀賞性質的族群文化展演及活動，以及傳統文化特色的文創化（發展文化創意產業不可或缺的生活、生產及生意之新觀念），也不宜因噎廢食的一味排除，而應掌握主動權及能動性，彈性因應並積極策劃，畢竟文化經濟的趨勢下，族人生計命脈也可藉此契機開創，而族群文化的意涵自在其中。

了解貝神祭，才能成為真正的拉阿魯哇

回到二〇一七年這場聖貝祭，在莊嚴祭典過程中，公然咆哮詈罵的言行確實不該，而且是換到任何場合，即使是最非正式的活動場合都不允許的。這種失控脫序，任意干擾、打斷祭儀流程的言行，應被譴責。即使你有不滿，認為有特權、不公平，可以另行表達或投訴等，不應該當場發作。

而主辦單位可以檢討的是，未來如何加強對祭儀、展演、活動等不同性質或位階的族群文化之明確區劃，事前宣導，嚴格落實，以積極掌握文化詮釋、操作與實踐的主動權，型塑、引導意欲呈現的影響力。收與放、不變與變、傳統與創新之間，沒有絕對的答案，深信拉阿魯哇族人可以從經驗汲取學習，能因時、因地制宜，有應變、解決的智慧。

聖貝祭儀之夜，星斗滿天，多麼希望族人也能繁衍若此，烏雲散盡見月明，當貝神召喚，族人呼嘯奔赴，宛如以月亮為中心的星群，離散之間盡在方寸，心是唯一的歸處，也是出發點。

但一如許多原住民族群，拉阿魯哇族部落面臨人口外流現象，且在族群人數已少的現況下，問

△拉阿魯哇族群人口稀少，亟需認同的新血輪。

題更顯嚴重，即使已將祭儀濃縮為一天進行，仍然有許多族人沒辦法趕回部落參加，族人都很憂心傳承中斷，文化消逝在時間無形的風中。

游仁貴長老表示，族人二〇一七年返回部落參與貝神祭的情況仍不理想。留在部落的年輕人最能體會耆老憂慮，他們抓緊時間學習，但也盼望在都市工作、定居的族人，至少每年能回家鄉一次，參與拉阿魯哇族目前唯一還在舉行的貝神祭。族語不會，但至少了解貝神祭，才能成為真正的 Hla'alua。

①引自台灣原住民族文化園區「拉阿魯哇族：再回到那日昇之地」首演，2015 年 8 月 18 日 https://youtu.be/-A5jlzBc_WY。
②引自 https://youtu.be/Fl-vQeHkP-c，2013 年 10 月 4 日。

尾聲：曬梅的滋味

1 銜接・索阿紀吊橋

很多人不知道全國最長的車行吊橋是高雄市桃源區的索阿紀吊橋，僅容一車通行的吊橋長達兩百六十公尺，橫跨荖濃溪，銜接兩岸，過河就是美蘭部落（美瓏社）。

二〇〇九年八月莫拉克颱風挾帶豪雨，毫不留情的重創部落山林，山崩、路塌橋斷，高雄市桃源區滿目瘡痍，洪水沖毀高中里排剪社跨越荖濃溪通往美蘭部落的吊橋，拉阿魯哇美瓏社陷入孤島狀態，農產運輸及居民就學就醫受到嚴重影響，對外交通只能靠溪底便道，但逢雨路斷，學生上課甚至得乘坐流籠跨越湍急溪流，十分危險。

新建的懸索橋，不像傳統吊橋走起來搖搖晃晃，而是寬三米可以承受汽車通行的新式車行吊橋。採大跨距工法，以兩岸橋塔拉起鋼索支撐橋面承載力，是國內首座可供三・五噸車輛通行的吊橋；落墩避開行水區，以免重蹈洪患覆轍。懸索橋以美瓏社舊地名 Suaci 命名，橋柱彩繪熊鷹羽毛圖騰，橋台外觀做成山豬獠牙造型，洋溢拉阿魯哇族文化色彩，也成為觀光景點。

「這裡是過河的吊橋，是我回家必走的路，那裡的茅草屋就是我的家！」站在新建的索阿紀吊橋上，女學童遙指遠方說①。

「再見！bye bye！再見——原住民的小孩！」溪谷下傳來聲響，家長騎機車載學童回家。

「希望颱風不要再把這座橋吹走了！」女孩祈許著。

回想八八風災的恐怖情境，學童心中餘悸猶存。有好一陣子，他們只能搭流籠上學。而土石流把往昔美好的一切，包括風景和記憶，通通沖走了。他們過著「車輛改道」、「此路不通」、「生活變調」的日子。

「這裡是塔羅留溪！」

「是我們以前常來游泳的地方。」

「這裡有很多蝦子和魚！」

「但是現在一切什麼都沒有了！」

「只剩下石頭！」

「對！」

學童們在亂石磊磊的瘦小溪流中玩耍，趴下來掬水洗臉，溪水依然清涼，但山河殘破，已回不到山明水秀的原貌，土石流毀壞、掩埋溫泉源頭，也破壞族人用心營造的塔羅留溪賞魚步道和整個盎然生機。

高雄縣桃源鄉高中村塔羅留溪，魚群生態豐富，素有「魚的故鄉」之稱，是台灣重要生態保育區；居民說，經過八八水災一場浩劫，「魚的故鄉已變成魚的墳場。」

風災前塔羅留溪河域生態豐富，有高身鯝

△藍白綠紅黃是拉阿魯哇服飾代表色。

△高雄市桃源區盛產許多水果，芒果、梅子、李子、愛玉，還有水蜜桃，這些甜蜜美好的滋味，是發展部落產業經濟最好的牽引力量，結合獨特的聖貝祭儀，吸引遊客前進部落，不僅促進文化觀光，也提升了拉阿魯哇文化的能見度。

魚、馬口魚、爬岩鰍、鱸鰻等……「現在魚的故鄉沒了，要賞魚，只有在夢裡了。」高中村長洪虎傑感嘆地說，風災時山上沖下大量土石，橋下保育區全被埋在土石底下②。

往事不堪，八八後，桃源區各族群無不努力重新出發，但何時能恢復塔羅留溪巡守員呵護下的曩昔情境？魚蝦螃蟹何時才能重回那銀河繁星映照下，璘璘閃閃的潺潺溪流。

大自然無情又有情，人類的力量渺小，所以拉阿魯哇人對自然充滿虔誠敬畏之心，山有山神、河有河神，一切皆有神靈，各種祭儀即用以祈求平安。

大自然終會慢慢平靜，如果人類不再貪婪。盎然生機終會重回這塊土地、山林、溪流。休養生息，重新出發，以生態保育取代破壞和開發，這是貝神的召喚，也是貝神的允諾！發展部落文化觀光，確實是促進拉阿魯哇地方產業經濟發展，並兼顧推廣族群文化的兩全其美之計。

索阿紀吊橋銜接部落與外界，富族群文化特色的醒目地標，經常吸引遊客拍照、步行及欣賞。沿路可見特別漆成拉阿魯哇藍白綠黃紅代表色的道路水泥護欄，讓人有進入部落的感覺。遊客走訪桃源區各部落，體驗大自然美景及原住民文化魅力；特別是地方農特產愛玉、梅子、桃李、百香果與芒果等，是不能錯過的好滋味。

2 牽引：梅子與愛玉香味流淌之地

由冬入春，梅花盛開，為山上點染層層白雪，美不勝收，南橫進入賞梅時節。農曆三至五月，是令人垂涎的季節。每到採梅、製梅時，遊客還沒進入部落，遠遠的就聞到曬梅子的味道，步行乾渴的人不自覺口水直流。種梅人家鋪曬梅胚，粒粒紅黃色澤，好像盡情享受日光浴而曬成健康膚色的美人，空氣中瀰漫酸酸甜甜的梅子香味。

到了夏天，部落裡有富享盛名的野生愛玉，道路兩旁即有愛玉藤蔓攀爬，白點密布的翠綠愛玉果實纍纍，可是族人的綠金，和梅子一樣是部落重要經濟來源。愛玉果實採下後，經削皮、剖果、翻剝、曝曬、刮籽，以及搓洗凝結等手續，才能成為凝脂般，美味可口的黃金膏凍，遊客親手搓洗愛玉，再享用自己辛苦的成果，留下更深刻而美好的印象。

有了梅子與愛玉的美味牽引，相信拉阿魯哇的獨特文化會吸引更多人朝聖，滋味永生難忘。

最後，以一段拉阿魯哇族聖貝祭的熱情邀約，做為本書結尾③：

誠摯地邀請您，不論是對我們不熟悉的新朋友，還是一直以來都在關注我們的朋友們，歡迎您邀請家人朋友，一起來桃源區走走，品嚐原住民特有的特產，更重要的是，來參觀祭典，認識我們——拉阿魯哇族！

感謝族人們，文化復振仍然需要我們彼此的努力，永遠都不要忘了，我們是聖貝的子民，一起加油！

Hla'alua pasamangaʉ（拉阿魯哇，加油！）

①以下引自興中國小影片，https://youtu.be/UmdqRChBY1M。
②引自〈魚的故鄉變魚的墳場 塔羅留溪盡付黃土〉，聯合報／記者林保光／桃源鄉災區直擊報導。
③引自「Hla'alua- 拉阿魯哇族」臉書，https://www.facebook.com/Hlaalua- 拉阿魯哇族 -200365026821743/。

① 阿美族：巨人阿里嘎該

故事採集：馬耀・基朗
繪　　圖：林順道

1.種田的陀螺
2.海神娶親
3.巨人阿里嘎該
4.女人國歷險記

② 卑南族：神秘的月形石柱

故事採集：林志興
繪　　圖：陳建年

1.都蘭山下的普悠瑪
2.神秘的月形石柱
3.感恩海祭的由來

③ 達悟族：飛魚之神

故事採集：希南・巴娜妲燕
繪　　圖：席・傑勒吉藍

1.竹生人和石生人
2.飛魚之神
3.達悟拼板舟
4.林投樹下的男孩

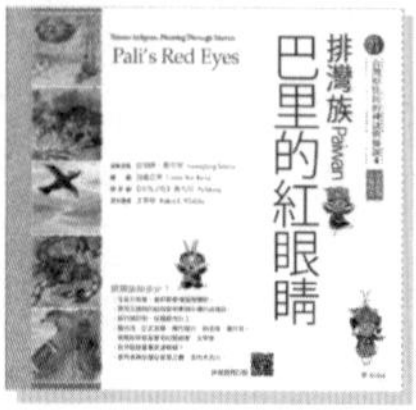

④ 排灣族：巴里的紅眼睛

故事採集：亞榮隆・撒可努
繪　　圖：見維巴里

1.巴里的紅眼睛
2.頭目的故事
3.盪鞦韆的愛情故事

⑤ 魯凱族：多情的巴嫩姑娘

故事採集：奧威尼・卡露斯
繪　　圖：伊誕・巴瓦瓦隆

1.美麗的慕阿凱凱
2.雲豹的頭蝨家族
3.卡巴哩彎
4.多情的巴嫩姑娘

⑥ 布農族：與月亮的約定

故事採集：阿浪・滿拉旺
繪　　圖：陳景生

1.與月亮的約定
2.布農之女阿朵兒
3.憤怒的百步蛇
4.獵人的信仰

⑦ 邵族：日月潭的長髮精怪

故事採集：簡史朗
繪　　圖：陳俊傑

1.白鹿傳奇
2.長尾巴的小矮人
3.日月潭的長髮精怪
4.黑白孿生子和祖靈籃

⑧ 鄒族：復仇的山豬

故事採集：巴穌亞・迪亞卡納
繪　　圖：阿伐伊・尤于伐那

1.折箭之約
2.復仇的山豬
3.被遺忘的祭典

⑨ 賽夏族：巴斯達隘傳說

故事採集：潘秋榮
繪　　圖：賴英澤

1.白髮老人的預言
2.雷女下凡
3.巴斯達隘傳說

⑩ 泰雅族：彩虹橋的審判

故事採集：里慕伊・阿紀
繪　　圖：瑁瑁・瑪邵

1.巨石傳說
2.神奇的呼喚術
3.神奇的呼喚術

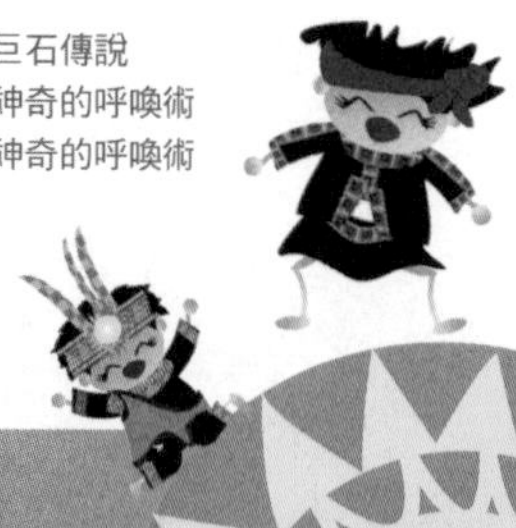

貝神的召喚

穿越南鄒迷霧的拉阿魯哇

作　　者：李友煌
美術設計：陳慧洺
圖文整合：洪祥閔
責任編輯：何　喬
編輯顧問：洪美華

高雄市政府文化局書寫高雄出版獎助
出　　版：幸福綠光股份有限公司／新自然主義
協力出版：高雄市政府原住民事務委員會

幸福綠光股份有限公司
地　　址：台北市杭州南路一段 63 號 9 樓
電　　話：(02)23925338
傳　　真：(02)23925380
網　　址：www.thirdnature.com.tw
E-mail：reader@thirdnature.com.tw
印　　製：中原造像股份有限公司
初　　版：2018 年 11 月
初版二刷　2018 年 12 月
郵撥帳號：50130123 幸福綠光股份有限公司
定　　價：新台幣 480 元（平裝）

加入新自然主義
書友俱樂部
獨享超值優惠

本書如有缺頁、破損、倒裝，請寄回更換。
ISBN 978-986-96937-2-1
總經銷：聯合發行股份有限公司
新北市新店區寶橋路 235 巷 6 弄 6 號 2 樓
電話：(02)29178022　傳真：(02)29156275

國家圖書館出版品預行編目資料

貝神的召喚：穿越南鄒迷霧的拉阿魯哇／李友煌著. -- 初版. -- 臺北市：幸福綠光, 2018.11
面；　公分

ISBN 978-986-96937-2-1（平裝）

536.3351　　　107016962

BOOK

新自然主義

BOOK

新自然主義